그의 운명에 대한
아주 개인적인 생각

그의 운명에 대한
아주 개인적인 생각

초판 1쇄 발행 2024년 06월 19일
초판 6쇄 발행 2024년 12월 24일

지은이 유시민

펴낸이 이상순 **주간** 서인찬 **영업지원** 권은희 **제작이사** 이상광

펴낸곳 (주)도서출판 아름다운사람들 **주소** (10881) 경기도 파주시 회동길 103

대표전화 (031) 8074-0082 **팩스** (031) 955-1083

이메일 books777@naver.com **홈페이지** www.book114.kr

생각의길은 (주)도서출판 아름다운사람들의 교양 브랜드입니다.

ISBN 978-89-6513-806-8 (03300)

이 도서의 국립중앙도서관 출판예정도서목록(CIP)은 서지정보유통지원시스템 홈페이지(http://seoji.nl.go.kr)와
국가자료종합목록시스템(http://www.nl.go.kr/kolisnet)에서 이용하실 수 있습니다.
(CIP제어번호 : CIP2019023407)

그의 운명에 대한
아주 개인적인 생각

유시민

도자기 박물관의
코끼리

　총선이 끝난 후 시민들은 윤석열 대통령이 국가정책과 국정에 임하는 태도를 바꿀지, 바꾼다면 무엇을 얼마나 어떻게 바꿀지 지켜보았다. 두 달이 지났고 22대 국회가 문을 열었다. 달라진 건 전혀 없다. 민주당 이재명 대표를 만나긴 했는데, 무엇 때문에 만나자고 먼저 전화했는지 알 도리가 없다. 비서실장과 정무수석을 바꾸었고, 국무총리도 교체한다고 했다. 하지만 대통령실 참모와 국무총리를 바꾼다고 달라질 것은 없다. 대한민국이 직면한 문제는 '윤석열 그 자체'이기 때문이다.

　대통령의 언행도 그대로, 정부의 정책도 그대로다. 국회의 여야 의석 비율도 거의 그대로다. 모든 것이 총선 전과 같다. 1988년부터 총선 결과가 대통령과 정부에 영향을 미치는 양상을 관찰했는데, 이런 경우는 처음이다. 집권당이 총선에서 참패했는데도 아무 일 없다는 듯 행동하는 대통령을 보면서 시민들은 서로 묻는다. 그는 임기를 마칠 수 있을까? 임기를 마치게 해도 대한민국은 괜찮을까? 그 질문에 대답해 보려고 책을 썼다. 미래를 보는 능력은 없다. 그의 운명을 난들 어찌 알겠는가. 이론적으로는 세 경로를 생각할 수 있다. 어느 쪽으로 가느냐에 따라 대한민국은 괜찮을 수도 있고 괜찮지 않을 수도 있다. 그는 자신의 운명을 혼자 결정하지 못한다. 국민의 판단이 함께 작용한다. 내가 보기에 그는 파멸의 골짜기에 들어섰다. 그런 줄도 모르고.

그가 어떻게 할지는 비교적 확실하게 알 수 있다. 하지만 상황이 그가 마음 먹은 대로 흘러가지는 않는다. 국민은 사퇴 또는 협치(協治)를 요구하겠지만 그가 응할 가능성은 없다. 결국 국민은 국회와 정당에 대통령 탄핵을 요구할 것이다. 그의 운명은 국민 여론의 압력이 얼마나 강한지에 달렸다. 압력이 충분히 강하면 모든 것을 바꾼다. 충분히 강하지 않으면 그 무엇도 달라지지 않는다. 어중간한 해법은 없다.

윤석열의 운명을 짐작해 보려면 그의 인격적 특성부터 인지 능력, 사고방식, 정치환경, 저널리즘의 구조와 생리, 이재명의 지향, 조국의 목표, 정치의 속성과 인간의 본성에 이르기까지, 그가 할 주체적 선택과 국민 여론에 영향을 주는 요소를 두루 검토해야 한다. 그 모든 것을 조금씩이라도 다루고 보니 '정치비평'이라기보다는 '정치잡문(雜文)'이라고 해야 좋을 글이 되었다.

깊은 사유 같은 건 없다. 학술적 산문도 아니다. 널리 알려진 인문학 이론과 과학 이론을 가끔 원용했고 학술적 분석 도구를 더러 쓰기는 했지만, 직관적 판단이나 주관적 평가를 실증적 이론적 논증 없이 서술한 '인상 비평'이 많다. 그래서 제목에 '아주 개인적인 생각'이라는 문구를 넣었다. 숏폼 동영상이 대세인 이동통신의 시대에도 문자 텍스트로 사람과 세상에 대한 감정과 생각을 나눌 수 있다고 믿는다.

윤석열의 대통령 당선은 '정치적 사고'였다. 표를 준 유권자들도 그가 이토록 무지하고 무능하고 포악한 사람인 줄은 몰랐다. 윤석열은 '도자기 박물관에 들어온 코끼리'와 같다. '의도'가 아니라 '본성' 때문에 문제를 일으킨다. 도자기가 깨지는 것은 그의 의도와 무관한 '부수적 피해'일 뿐이다. 그를 정치에 뛰어들게 한 동력은 사회적 위계(位階)의 가장 높은 곳을 바라보는 생물학적 본능이었다. 그는 대통령의 권한으로 사회적 선과 미덕을 이루고 싶어서가 아니라 대통령이 되는 것 자체를 목적으로 삼았다. 국민을 속이지 않았다. 검찰총장으로서 대통령 후보로서 자신의 모습을 있는 그대로 보여주었다. 그런데도 그를 정확히 보려 하지 않았던 유권자가 적지 않았다. 화장과 조명으로 윤석열의 결함을 감춰준 언론에 속은 시민도 많았다. 그래서 대통령이 되었다.

도자기 박물관에 들어간 것은 코끼리의 잘못이 아니다. 거기 들어가게 한 사람들이 잘못했다. 국민의힘 정치인과 당원, 윤석열을 공정과 상식의 화신인 양 찬양했던 언론 종사자, 거짓 기사에 속아 표를 준 유권자들은 남들보다 큰 책임감을 느껴야 마땅하다. 하지만 국힘당 정치인과 당원들은 잘못을 인정하지 않는다. 대다수가 여전히 윤석열을 지지한다. 언론인이라는 명함으로 정체를 가린 신문 방송 종사자들은 총선에서도 최선을 다해 국힘당을 편들었다. 그러나 유권자는 그렇지 않았다. 2022년 3월 9일 윤석열 후보에게 표를 주었던 유권자의 일부는 2024년 4월 10일 야당 후보에게 표를 주었다. '정치적 사고'의 책임이 자신에게도 있음을 인정하고 사태를 바로잡으려 했다. 그 때문에 그의 운명은 위태로워졌다.

윤석열은 어떤 선택을 할 수 있는가? 첫째, 자진 사임할 수 있다. 모두에게 가장 좋은 선택이다. 둘째, 야당과 협치할 수 있다. 이것도 나쁘지는 않다. 하지만 실행하기는 자진 사퇴보다 더 어렵다. 어느 시점에서 한 번 결심한다고 되는 일이 아니다. 확실한 의지를 품고, 권력을 내려놓고, 자신의 욕망과 충동을 지속적으로 다스리면서 장기간 노력해야만 할 수 있다. 윤석열은 스스로 사임할 사람이 아니다. 협치를 실행할 지적 능력과 정치적 역량도 없다. 결국 세 번째, 대결 노선을 간다. 대통령의 권력을 휘둘러 야당과 싸우는 길이다.

일부러 그러는 게 아니다. 다른 대안을 선택할 능력이 없어서다. 사임이나 협치는 윤석열 개인을 위해서도 바람직한 대안이다. 정치적 혼란을 예방할 수 있고 야당의 공격도 누그러뜨릴 수 있다. 하지만 '알파 메일 본능' 때문에 하지 못한다. 그는 야당을 상대로 정치적 내전을 벌이면서 탄핵의 파도가 일렁이는 민심의 바다를 항해할 것이다. 2027년 5월 8일까지 침몰하지 않고 버틸지 여부는 아무도 모른다.

'정치잡문'이라 각주를 달지 않았다. 데이터를 인용하거나 학술 이론을 원용한 경우에는 출처를 본문에 표시했다. 「세상을 바꾸는 시민언론 민들레」에 썼던 글과 〈알릴레오 북's〉, 〈김어준의 겸손은 힘들다 뉴스공장〉, 〈압도적 재미 매불쇼〉, 〈MBC 100분 토론〉 등에서 한 말을 일부 '재활용'했음을 밝혀 둔다. 사람과 정치와 세상에 대한 생각이 어느 순간 하늘에서 떨어지지는 않으니 불가피하고 자연스러운 일이다.

그의 운명에 대한 나의 주관적인 생각이 틀렸으면 좋겠다. 하지만 그럴 것 같지 않다. 그래도 대한민국은 괜찮을 것이다. 모든 것은 지나간다. 윤석열의 시간도 지나간다. 그가 어떻게 되든 우리의 삶은 계속된다. 역사는 나쁜 때가 지나면 좋은 때가 온다고 말한다. 그 격려를 독자와 나누고 싶다. 희망은 힘이 세다.

2024년 6월 18일

유 시 민

차례

제1장

그를 보며 깨달은 것

주관적 철인왕

악의 비속함

완벽하지 않은 선

주관적
철인왕

권력의 제한과 분산

경험은 좋은 선생님이다. 겪고도 깨닫지 못하면 멍청이
라는 뜻이다. 이 서양 속담은 어리석음에서 벗어나려면 경험
을 소중히 여기라고 권한다. 윤석열 대통령을 보면서 무엇을
배웠는지 생각해 보았다. 깨달은 바가 많다. 그의 운명과 관계
있는 것 세 가지만 말하겠다.

앞으로는 윤석열 이름 뒤에 대통령이라는 직책을 적지
않겠다. 오해하지 마시라. 그를 싫어해서가 아니다. 지면을 아
끼기 위해서다. 그렇다고 해서 그를 싫어하지 않는다는 말은
아니다. 내가 존경하고 사랑하는 사람도 모두 똑같이 대했다.
그것도 오해 마시기 바란다.

윤석열 덕분에 유명한 정치학 이론을 예전보다 깊이 있게 이해했다. 20세기의 고전 반열에 오른 『열린사회와 그 적들』(이한구 옮김, 민음사, 2006)에서 철학자 칼 포퍼가 펼친 민주주의 이론과 고대 그리스 철학자 플라톤이 『국가』(박문재 옮김, 현대지성, 2023)에서 주장한 철인정치 이론이다. 책과 강연에서 종종 포퍼의 이론을 인용했더니 어떤 분이 물었다. 왜 좌파가 우파 철학을 좋아하느냐고. 포퍼를 우파로 여기는 이가 많다. 전국경제인연합회의 이데올로기 선전 기관인 자유기업원이 그 책을 적극 보급한 탓에 생긴 오해일 것이다.

포퍼는 자유주의 철학자다. 자유주의자라고 해서 다 우파는 아니다. 그는 독재와 전체주의를 비판했다. 부자와 기득권자를 옹호하지 않았다. 『열린사회와 그 적들』에서 마르크스는 우호적으로 비판한 반면 플라톤은 혹독하게 비난했다. 플라톤 비판의 초점은 '누가 다스려야 하는가'라는 질문을 정치철학의 중심에 놓았다는 것이었다. 그 때문에 수천 년 동안 정치철학이 혼란을 겪었다고 포퍼는 주장했다.

포퍼의 플라톤 비판은 옳다. 플라톤은 하나 마나 한 질문과 대답을 내놓았다. 누가 나라를 다스려야 하는가? 뻔하다. '선하고 현명한 사람'이다. 누가 바보나 악당이 다스려야 한다고 하겠는가. 플라톤은 무엇이 선이고 무엇이 미덕인지 아는 현명한 통치자를 '철인왕(哲人王)'이라고 했다. 민주주의가 아니라 철인정치가 국가의 존재 목적인 정의를 실현하는 데 적합하다고 했다. 말이 되지 않는 소리라고 욕하진 말자. 다른 사람은 몰라도 플라톤은 그래도 된다. 소크라테스의 애제자 아닌가. 그는 스승의 언행을 기록한 여러 책으로 인류 역사에 남았다. 아테네의 민주주의가 위대한 철학자를 사형에 처하는 과정을 현장에서 보았다. 내가 플라톤이라도 민주주의를 배척했을 것 같다.

플라톤의 잘못은 의미 없는 질문을 한 것이다. 무엇이 선이고 무엇이 미덕인지 아는 철학자가 과연 존재하는지는 따지지 말자. 문제는 그런 사람이 있다고 해도 권력을 쥐어줄 방법이 없었고 지금도 마찬가지라는 사실이다. 권력을 상속하는 왕정국가에서는 생물학적 우연의 축복을 받아야 통치자가 될 수 있다. 귀족정 국가에서도 높은 신분을 타고나지 않으면 권좌에 접근할 수 없다. 민중이 권력자를 선출하는 공화정도 다르지 않다. 철학자가 선거에서 이긴다는 보장이 없다. 지혜롭든 어리석든, 표를 많이 받는 자가 권력을 차지한다.

국가와 정치를 있는 그대로 관찰하고 연구한 포퍼는 정치철학이 다루어야 할 질문을 다르게 제시했다. "사악하거나 무능한 권력자가 마음껏 악을 저지르지 못하게 하려면 정치제도를 어떻게 조직해야 하는가?" 그는 국가와 정치에 대해 환상을 품지 않았다. 민주주의 선거제도는 선과 미덕을 아는 현자의 집권을 보장하지 않는다. 현자가 집권하면 제도가 어떠하든 상관없이 선정을 펼 것이니 걱정할 일이 없다. 정치철학은 현자가 아니라 사악하거나 무능한 자가 권력을 쥘 때를 대비해 적절한 조언을 주어야 한다.

포퍼의 말처럼 절대적으로 믿을 수 있을 만큼 완벽하게 선하고 유능한 권력자는 없다. 민중은 선하고 유능한 사람을 뽑기도 하지만 사악하고 무능한 인물을 선택하기도 한다. 250년 전만 해도 국민이 권력자를 선출하는 국가는 미합중국 하나뿐이었다. 하지만 오늘날 지구촌의 문명국가는 대부분 민중이 보통선거로 권력자를 선출한다. 선하고 유능한 권력자만 뽑은 나라는 없다. 사악하거나, 무능하거나, 사악하면서 무능한 인물도 뽑았다. 민주주의 선거제도의 피할 수 없는 약점이다. 똑같이 민주주의를 하는데도 정부 수준이 나라마다 다른 것은 그 때문이다. 권력자가 멋대로 권력을 휘두르면서 서슴없이 악을 저지른 나라도 있지만 어떤 권력자도 그런 짓을 하지 못하게 막는 나라도 있다.

포퍼는 올바른 질문을 제출했고 적절한 답도 내놓았다. '권력의 제한과 분산'이었다. 자의적인 권력 행사를 막는 법치주의, 선출 공직자의 임기 제한, 삼권분립과 사법부의 독립, 언론·표현·집회·시위 등 시민의 기본권 보장 같은 것이다. 이런 제도는 사악하고 무능한 자가 권력을 차지해도 악을 많이 저지르지 못하게 한다. 민주주의는 선을 최대화하는 제도가 아니라 악을 최소화하는 제도다. 21세기 문명의 표준이 된 것은 그 장점 때문이다.

민주주의와 정부 수준

윤석열도 포퍼가 옳다고 한다. 스웨덴 '민주주의다양성연구소'는 「민주주의 리포트 2024」에서 한국을 그리스·폴란드·인도 등과 함께 독재화(autocratization) 국가에 넣었다. 지난 정부 때 0.79까지 올랐던 한국의 자유민주주의지수는 0.6으로, 17위였던 순위는 작년 28위를 거쳐 올해 47위로 하락했다. '국경없는기자회'의 「2024 세계언론자유지수 보고서」도 비슷하게 평가했다. 한국 언론자유지수는 64.87로 박근혜 정부 첫해였던 2013년 이후 최저수준을 기록했고 지난 정부 때 41위까지 올랐던 순위는 62위로 떨어졌다. 법원이 방송통신위원회(방통위)의 방송문화진흥회(방문진) 권태선 이사장 해임처분 효력을 정지하지 않았다면, MBC가 낸 방송통신심의위원회(방심위)와 선거방송심의위원회(선방심위)의 선거 보도 법정 제재 효력정지 신청을 모두 받아들이지 않았다면, 이재명 구속영장을 기각하지 않았다면, 국제사회는 한국을 '독재화'가 아니라 '독재' 국가로 분류했을지 모른다. 대한민국은 대통령이 법원에 영향력을 행사할 수는 있지만 완전히 장악하지는 못하는 나라다.

포퍼는 민주주의와 독재를 구분하는 기준을 단순 명확하게 제시했다. 다수 민중이 마음을 먹었을 때 평화적 합법적으로 권력을 교체할 수 있으면 민주주의, 그게 불가능하면 독재 전체주의다. 이 기준에 따르면 대한민국은 민주주의 국가이다. 이번 총선에서 국민은 입법권을 야당에 맡겼다. 3년 후 대통령 선거에서도 같은 선택을 하면 권력을 완전히 교체한다. 포퍼는 그것이 중요하다고 강조했다. 하지만 지금은 21세기다. 포퍼가 그 책을 썼을 때 우리는 일제 강점에서 풀려났지만 정부를 세우지 못하고 있었다. 긴 세월이 흐르는 동안 세계의 민주주의는 성숙했고 우리도 민주주의 국가를 건설했다. 포퍼의 기준을 충족하는 것은 여전히 중요하지만 그것만으로는 충분하지 않다.

나는 전두환을 대한민국 역사의 가장 사악한 권력자라고 생각한다. 이름을 처음 거론하는데도 직책을 쓰지 않은 것은 우리 국민이 그를 대통령으로 선출한 적이 없다는 사실을 강조하기 위해서다. 가장 어리석은 권력자는 박근혜 대통령이었다고 본다. 윤석열은 어떤 권력자인가? 사악한? 어리석은? 사악하고 어리석은? 나는 어리석은 권력자라는 데 한 표를 주겠다. 그는 사악한 짓을 많이 한다. 하지만 사악해서가 아니라 어리석어서다. 이것은 어디까지나 '인상 비평'이다. 논증하지 않고 직관적 판단을 말했다. 그렇게 판단한 경위는 제4장에서 이야기하겠다.

포퍼 선생이 생존해 있으면서 한국 상황을 보았다면 기뻐할 것 같다. '보라, 내 말이 맞지 않은가!' 그렇다. 한국 민주주의는 어리석은 권력자가 마음껏 악을 저지르지 못하게 막고 있다. 윤석열은 대한민국을 멍들게 했지만 뼈를 부러뜨리지는 못했다. 뼈를 부수려면 입법을 해야 하는데, 국회를 야당이 장악하고 있어서 할 수가 없었다. 앞으로도 야당이 동의하지 않는 입법은 할 수 없다. 법원은 비판적인 기자들의 입을 틀어막으려고 방통위, 방심위, 선방심위의 윤석열 추종자들이 내린 징계를 무효화하는 결정을 내리고 있다. 한국은 독재화 과정에 들어섰지만 독재로 전락하지는 않았다. 권력 분산과 상호 견제 시스템 덕분이다.

원인이 어디에 있든 윤석열은 악을 저질렀다. 몇 가지만 말하겠다. 검찰을 동원해 대선 경쟁자였고 국회 다수파 지도자인 이재명을 집요하게 공격했다. 검찰의 수사권과 기소권을 자의적으로 행사했다. 경찰·감사원·국민권익위원회(권익위)·방통위·방심위 등 모든 권력기관과 규제기관을 동원해 정치적 반대세력을 흠집 내고 비판언론의 입을 틀어막으려 했다. 이념 외교와 부자 감세 정책으로 대규모 무역적자와 재정적자를 만들었다. 남북관계를 냉전 시대로 되돌렸다. 국익을 팽개치고 미국과 일본 정부를 추종했다. 이런 것을 나쁘다고 하지 않으면 무엇을 나쁘다고 하겠는가.

포퍼만 옳았던 것은 아니다. 플라톤도 전적으로 틀리지는 않았다. 플라톤의 질문은 정치철학의 중심 문제가 될 수 없지만 중요하지 않거나 의미가 없는 것은 아님을 윤석열을 보면서 깨달았다. 민주주의는 제도가 무엇보다 중요하다. 하지만 사람도 그 못지않게 중요하다. 윤석열은 제도만능주의를 경계하라고 가르쳐 주었다.

국가는 추상적인 존재다. 정부도 그렇다. 물리적으로 존재하는 것은 정부를 이루는 사람들이다. 국가의 수준은 정부의 수준이 좌우하고, 정부의 수준은 정부를 구성하는 사람의 수준이 결정한다. 대통령 중심제인 우리나라의 정부 수준은 최고 권력자인 대통령 자신이 어떤 수준이며 어떤 수준의 사람들을 정부에 기용하느냐에 달려 있다. 윤석열은 정부를 자신의 수준으로 끌어내렸다. 대한민국이라는 국가도 인간 윤석열 수준으로 내려앉는 중이다. 대한민국에 대한 국제사회의 평판도 함께 녹아내린다. '모든 민주주의는 자기 수준에 맞는 정부를 가진다.' 지적 소유권이 누구 것인지 확실하지 않지만 분명 옳은 말이다.

현명하고 유능한 권력자가 국민의 이해와 지지를 받고 야당과 대화해 가면서 사회적 선과 미덕을 최대한 실현하는 민주주의를 '최대 민주주의', 선과 미덕을 실현하지는 못해도 사악하고 무능한 권력자가 마음껏 악을 저지르지 못하게 하는 민주주의를 '최소 민주주의'라고 하자. 문재인이 '최대 민주주의'를 이루었다고 말하지는 않겠다. 하지만 윤석열이 대한민국을 '최소 민주주의'로 끌어내렸다는 것만큼은 단언할 수 있다. 그는 문재인과 똑같은 제도 아래서 똑같은 권한을 가지고 대통령직을 수행했다. 그런데도 한국 사회는 '최소 민주주의' 수준으로 내려앉았다.

'최소 민주주의'도 민주주의다. 하지만 최소한일 뿐이다. 그것을 정치적 이상으로 삼을 수는 없다. 우리는 더 나은 국가, 더 많은 자유, 더 유능한 정부를 원한다. 사회를 '최대 민주주의' 쪽으로 이끌어가는 대통령이 필요하다. '그놈이 그놈'이란 말은 입에 담지 말자. '누가 해도 똑같다'는 말은 틀렸다. 어떤 사람이 권력을 쥐느냐에 따라 사회의 상태와 국민의 삶은 크게 달라진다. 누가 다스려야 하는가? 플라톤의 질문은 의미 있고 중요하다.

나는 이 교훈을 오래 기억하려고 한다. 윤석열은 자신이 무엇을 알고 무엇을 모르는지 모른다. 아는 게 거의 없으면서도 모든 것을 안다고 확신한다. 자신이 어리석다는 사실을 인지하지 못할 정도로 어리석은데도 스스로는 현명하다고 생각한다. 그는 '주관적 철인왕'이다. 우리가 어쩌다 이런 사람을 대통령으로 뽑게 되었는지는 제3장에서 저널리즘을 비평할 때 이야기하겠다.

어리석은 대통령을 뽑은 게 벌써 두 번째다. 두 번 경험은 한 번 경험보다 더 좋은 선생님이다. 경험에서 배우고 경험을 오래 기억하는 시민이 늘어날수록, 어리석은 권력자에 대한 대중의 인내심이 줄어들수록, 정책적 무능과 자의적 권력 행사에 대한 국민의 분노가 커질수록, 윤석열은 더 심각한 정치적 위기를 맞을 것이다. 군주민수(君舟民水), 민중은 물이고 권력자는 배라는 옛 성현의 말씀이 옳다는 것을 그도 경험에서 배우게 될지 모른다.

—

악의
비속함

사악함과 비속함

악인은 어떤 면에서 비범(非凡)하다. 역사에 이름을 남긴 악인들은 그랬다. 그러나 윤석열은 아무리 봐도 비범한 면이 없다. 그의 사람됨을 표현하는 말로는 '비속(卑俗)함'이 적절하다. 일상 언어로는 격이 낮고 속되다는 뜻인데, 독일 출신 철학자 한나 아렌트는 그 말을 다른 의미로 썼다. 아돌프 아이히만이라는 나치 친위대 장교가 있었다. 과거를 감추고 아르헨티나에 살다가 1960년 이스라엘 정보기관에 납치당해 이스라엘 법정에 섰다. 자신은 공무원으로서 합법적인 명령을 성실하게 수행했을 뿐이라며 무죄를 주장한 끝에 교수대에서 최후를 맞았다.

아이히만 재판 보고서 격인 『예루살렘의 아이히만』(김선욱 옮김, 한길사, 2006)에서 아렌트는 '악의 비속함(banality of evil)'이라는 개념을 썼다. 보통 '악의 평범성'으로 번역하지만 나는 '비속함'이 아렌트의 생각을 더 잘 표현한다고 본다. 아이히만은 나치 핵심 권력자들의 홀로코스트 기획 회의에 참석했고 유대인 학살 과정에서 중요한 역할을 했다. 하지만 법정의 아이히만은 사악한 살인자라기보다는 지극히 비속한 공무원이었다. 아렌트는 그의 잘못이 '자기 머리로 사유하지 않은 것'이라고 했다. 아이히만은 자신이 악을 행하는지 여부를 생각하지 않았다. '자기 객관화'와 '자기 성찰'을 하지 않았다. 처지를 바꾸어 생각하는 능력이 전혀 없었다. 아렌트는 이것을 '전적인 무능'이라고 했다.

윤석열도 비속하다. 주체적으로 사유하지 않는다. 처지를 바꾸어 생각하는 법이 없다. 자기 객관화도 자기 성찰도 하지 않는다. 그저 본능과 욕망이 명하는 대로 한다. 그래서 자신의 언어가 없다. 자신의 행동을 스스로 설명하지 않는다. 이런 사람이 위계 조직의 최고 권력자가 되면 남도 사유하지 못하게 한다. 조직원 모두를 자신처럼 비속하게 만든다. 그가 히틀러나 스탈린과 같은 악인이라면 더 지독한 악을 저질렀겠지만, 어리석어서 악을 저지를 뿐이라 거기까지 가지는 않는다. 불행 중 다행이라고 할 수도 있겠지만, 꼭 그렇게 볼 일 또한 아니다. 사악하고 영리한 권력자는 위기에 봉착하면 위선을 떨며 타협하기도 하지만 어리석은 권력자는 그마저 못한다.

윤석열 정부는 아이히만처럼 생각하고 행동하는 공무원으로 넘쳐난다. 이재명 수사 검사들을 보라. 소위 성남FC 사건 검사들은 증인을 4백 명 넘게 신청했다. 이재명을 영원히 법정에 묶어두겠다는 뜻이다. 국민 세금이 들어가는 사법제도를 정치적 목적에 악용한다는 비난은 아예 듣지 못한 척한다. 이른바 쌍방울 대북송금 의혹 사건을 수사하는 수원지검 검사들은 이화영 경기도 평화부지사한테 다른 곳도 아닌 수원지검장 출신 전관 변호사를 소개하고 검찰 청사에서 면담하게 했다. 쌍방울 회장 김성태가 북한 정찰총국 실력자와 모의해 북한 광물 개발 이슈로 주가를 조작하려고 한다는 국정원 보고서를 확인하고도 쌍방울의 대북송금이 이재명 방북 비용을 대납한 것이었다는 진술을 받아내려고 이화영을 회유하고 협박했다. 대통령 부인 김건희 여사가 디올 백 받은 일을 보도했다는 이유로 MBC를 징계한 방심위와 선방심위 여당 추천 위원들, 불법 감사와 감사 결과 조작 등의 혐의로 공수처의 수사를 받는 감사원 사무총장, 채해병 순직 관련 수사 외압 행사 혐의를 받는 국방부장관도 자신의 행위가 옳은지 여부를 사유하지 않고 상부 명령에 따랐다. 해병대 수사단장 박정훈 대령처럼 스스로 사유하고 행동하는 공무원은 찾아보기 쉽지 않다.

사유의 힘

윤석열은 경청하지 않는다. 바이든 미국 대통령이나 기시다 일본 총리를 만날 때를 빼고는 모든 곳에서 발언 시간을 독차지한다. 게다가 툭하면 '격노'한다. 격노는 비속함의 표현이다. 사악한 사람은 화가 나도 드러내지 않는다. 상대방을 방심하게 만든다. 조용히 타격을 가하고 손을 봐준다. 어느 유명한 '친윤' 신문의 '친윤' 언론인이 쓴 칼럼을 처음에는 믿지 않았다. 59분 대통령? 한 시간 회의하면 59분을 쓴다고? 설마! 영수회담 비공개 대화에 배석한 민주당 정치인들의 말을 들어보니 사실일 수도 있겠다는 생각이 들었다. 야당 대표와 비공개 대담하면서 시간의 85퍼센트를 썼는데, 부하들하고 회의할 때는 오죽했겠는가. 명예훼손이라고 격노할지 몰라서 용핵관(용산 대통령실 핵심 관계자)들은 75퍼센트라고 주장했다는 사실을 덧붙인다.

KBS가 신년 기자회견 대용으로 제작 송출한 미니다큐와 용핵관들의 발언에서 드러난 기념사 원고 작성 방식은 엽기적일 정도로 비속하다. 용핵관들은 기념사를 대통령이 손수 썼다고 언론에 자랑했다. 그런 정보를 참고해 재구성하면 이렇게 진행한 듯하다. 윤석열이 요지를 구술한다. 실무자는 받아 적는다. 문장을 다듬어 만든 초안을 올린다. 윤석열이 몇 가지 고쳐서 기념사를 완성한다. 행사 직전에 한두 문장을 즉흥적으로 넣은 경우도 있다. 그래서 3·1절이든, 5·18이든, 8·15이든 모든 기념사가 부적절하고 엉뚱했다. 죄 없는 연설 비서관을 욕해서 미안하다. 내가 그 자리에 있어도 잘할 수는 없을 것 같다.

부족함을 모르면 학습할 필요를 느끼지 않는다. 비속함을 인지하지 못하면 비속함을 극복할 수 없다. 모든 일을 현재 수준에서 판단하고 실행하면서 제자리를 맴돌 뿐이다. 그래서 그는 2년 넘게 대통령을 했는데도 실력이 늘지 않았다. 그런 의미에서 '완성형 대통령'이다. 앞으로도 발전을 기대하기 어렵다. 비속한 권력자한테는 누구도 진실을 말하지 않는다. 어떤 참모도 그렇게 하면 안 된다고 막아서지 못한다. 자칫하면 상상하기도 어려운 쌍욕을 듣는다.

대통령실부터 내각과 공공기관까지 정부의 모든 조직은 비속하거나 비속한 척하는 사람으로 채워졌다. 누구도 자기 머리로 생각하거나 자기 언어로 말하지 않는다. 시키는 대로 하면서 윗사람이 좋아할 말만 한다. 창의적인 사람은 조직에서 쫓겨나지 않으려고 창의성을 숨긴다. 사업을 먼저 제안하거나 건의하지 않는다. 그래서 국민을 속이는 것도 솜씨 있게 하지 못한다. 채해병 순직 사건 수사 외압 의혹을 보라. 극히 빈약한 인력으로 진행한 고위공직자범죄수사처(공수처) 수사와 군사법원의 박정훈 재판 과정에서 윤석열이 격노해 국방부장관의 결재를 취소하게 했고 대통령실 참모들이 개입해 경찰에 넘어간 수사 자료를 국방부가 되찾아오게 했다는 사실이 거의 다 드러났다.

윤석열은 사람이 중요하다는 사실을 깨우쳐 준다. 스스로 생각하고 자신의 언어로 말하며 자신의 행위를 객관적으로 평가하고 옳은 일을 위해 위험을 감수하는 사람이 있어야 더 나은 세상을 만들 수 있다는 각성을 일으킨다. 그렇게 행동한 이들이 있다. 누가 생각나는가? 부당한 지시를 거부하고 채해병 순직 사건을 법대로 처리한 군인, 아이들을 지키려고 현직 검사인 시누남편의 비리 증거를 공개한 어머니, 검찰의 압수수색과 조사를 받으면서도 '디지털 캐비닛'의 존재를 확인 보도한 인터넷 언론사의 기자, 대검찰청 검사들이 야권 인사와 언론인을 고발하도록 국민의힘(국힘당) 당직자를 부추겼다는 사실을 폭로한 정치인이 떠오른다. 그들은 스스로 판단해서 옳은 일을 했다. 진실을 알리고 용기를 퍼뜨렸다. 스스로 사유하는 사람은 힘이 있다.

'국힘당'이라 약칭을 쓴 이유를 해명하고 넘어가자. 나는 '국민의 힘'을 믿는다. 경제 발전도 민주화도 모두 '국민의 힘'으로 이루었다고 생각한다. 하지만 '국민의힘'은 좋아하지 않는다. 나만 그런 게 아니다. 우리 국민 절반이 싫어한다. 그래서 둘을 구분하려고 약칭을 쓴다. '국힘당' 정치인들이 약칭을 반기지 않는다는 걸 알지만 어쩔 수 없다. 그럴 가능성은 낮지만 혹시라도 '국민의힘' 관계자가 읽는다면 사정을 너그럽게 헤아려주기 바란다. 냉정하게 말하면 그대들의 잘못이다. 감히 국민의 힘을 참칭하다니, 부끄러운 줄 알아야지.

다시 말한다. 비속해지면 악에 물든다. 스스로 사유하고, 주체적으로 판단하고, 자신의 언어로 말하려고 노력해야 비속함을 이겨낼 수 있다. 그런 각성을 한 시민이 최근 부쩍 늘었다고 나는 믿는다. 그렇지 않다면 윤석열이 민생토론회라는 이름으로 전국을 돌면서 수천 조 규모의 공약을 쏟아내고 신문 방송 대부분이 국힘당 선전기관 노릇을 했는데도 야당이 총선에서 압승을 거두었을 리 없다. 그는 자신의 정치적 무덤을 파는 사람을 스스로 만들어 내면서도 그런 줄 모른다. 그것도 비속함의 증상이다.

완벽하지
않은 선

공소권 없음

정치는 때로 무섭다. '아름다운 정책 경쟁'은 정치의 한 면일 뿐이다. 권력 투쟁이라는 다른 면도 있다. 권력 투쟁에는 정해진 규칙이 없다. 반칙을 응징하는 심판도 없다. 상식과 도덕이 통하지 않는다. 결과가 과정을 정당화한다. 그래서 수단 방법을 가리지 않고 이기려 한다. 왜곡, 조작, 모함, 기만이 일상의 활동이다.

정치의 목적은 위대하지만 일상은 남루하다. 정치인은 이 역설을 견뎌야 한다. 그럴 의지가 없으면 정치에 발을 들이지 않는 게 좋다. 오직 정치를 해야만 이룰 수 있는 이상을 품었거나, 정치 말고는 달리 충족할 수단이 없는 욕망에 사로잡혔거나, 둘 중 하나라야 정치의 남루한 일상을 감내할 수 있다. 나는 둘 모두 아니었다. 십 년을 하고서야 알았다. 그래서 정치를 떠났다. 정치비평은 해도 되고 하지 않아도 그만인 일이다. 구설이 따르지만 정치에 비하면 지극히 사소한 위험이다. 그래서 필요하다고 느낄 때 가끔 공영방송이나 유튜브 비평 프로그램에 나가서 말을 한다.

진보 정치는 더 큰 위험이 따른다. 노무현 대통령과 노회찬 의원을 생각해 보라. 노무현의 삶과 죽음에 대해서는 많은 이들이 헤아리기 어려울 정도로 다양한 평가와 해석을 내놓았다. 나는 어느 시민의 블로그에서 본 문장을 가장 먼저 떠올린다. '의도하지 않았던 오류에 대해 죽음으로 책임진 사람.' 이 해석이 노무현의 선택을 모든 면에서 설명하는 것은 아니지만 나는 받아들였다.

노회찬이 삶을 거두었을 때는 아무도 듣지 않는 곳에서 탄식했다. 완벽하지 않았다는 이유로 죽어야 한다면 누가 감히 진보 정치를 할 수 있겠는가. 그를 마지막으로 보았을 때 나는 이렇게 말을 건넸다. "대표님, 걱정해야 할 일이 있는지 모르겠지만, 만에 하나 그런 일이 있다 해도 괜찮아요. 다 던져 버리고 같이 낚시 다녀요. 시간 지나면 방송도 함께 하고요. 그러면 되죠." 그는 아무 말도 하지 않았다. 완벽한 사람이라서가 아니라 좋은 사람이라서 나는 그를 좋아했다. 오류를 책임지는 방식으로 죽음을 생각하고 있다는 것을 눈치채지 못했다.

소위 '조국 사태'가 터졌을 때도 무서웠다. 노회찬이 떠나고 일 년밖에 지나지 않은 시기였다. 또다시 뒤늦은 후회를 하고 싶지 않았다. 그래서 참전했다. 윤석열과 싸우다가 본의 아니게 범했던 오류를 약점 삼아 검찰이 역공했다. 한동훈 검사의 명예를 훼손했다고 1심과 2심 법원이 벌금형을 주었다. 대법원이 판결을 뒤집지 않아도 마음의 상처를 입지는 않을 것 같다. 그 정도야 뭐, 하며 넘길 수 있다. 이기려고 참전했던 게 아니었다. 이길 수 없는 싸움이란 것을 처음부터 알았다. 그러나 법무부장관 조국이 패배하는 싸움을 견뎌내는 데 힘이 되고 싶어서 나름대로는 있는 힘을 다했다.

조국의 법대 친구들이 이런 문자를 보냈다는 사실을 나중에 들었다. "국아, 저들은 '공소권 없음' 결정을 원한다는 걸 잊지 마." 조국을 볼 때마다 하고 싶었지만 하지 못한 말이었다. 검찰은 노무현과 노회찬에 대한 수사를 '공소권 없음' 결정으로 종결했다.

윤석열은 조국 가족을 사냥함으로써 보수 세력의 정권 교체 요구를 대변하는 정치인이 되었다. 검찰총장으로서 문재인 정부를 공격한 실적을 내세워 대통령 자리를 차지했다. 가신(家臣)이나 다름없었던 한동훈을 법무부장관과 국힘당 비대위원장에 앉혔다. 그는 '사모펀드 비리'를 용납할 수 없다면서 수사를 시작했지만 권력형 비리를 찾지 못하자 조국과 가족의 '완벽하게 합법적이지는 않았고 완전하게 선하지 못했던' 일상을 들추어냈다. 기자들을 특종 정보로 조종해 위선자 낙인을 찍었다. '불완전한 선'을 위선이라고 비난하는 방법으로 공정과 상식이라는 의제를 차지했다. 권력을 장악한 다음에는 선한 척조차 하지 않고 사적 이익을 위해 권력을 휘둘렀다. 2022년 3월 9일, 한국 유권자는 '위선'이 싫다고 악을 선택했다. 결과가 그렇다는 것이다. 악인 줄 알고도 선택했다는 말은 아니다.

윤석열은 검찰발 단독기사를 쏟아내 조국을 피투성이로 만들었던 언론이 자신들을 물어뜯는 날이 오리라고는 상상하지 않았을 것이다. 하지만 그때가 임박했음을 나는 예감한다. 다른 누구도 아닌 조국이 그 시간을 앞당겼다. 그는 항소심에서 징역 2년 실형을 선고받은 직후 정당을 만들어 검찰정권에 대한 전쟁을 선포했다. 예전과는 완전히 다른 모습으로 대중 앞에 섰다. 윤석열과 한동훈을 사실과 논리로 공격했다. 총선은 끝이 아니라 시작이었다. 조국이 전쟁을 끝낼 때까지는 긴 시간이 남았다.

부족한 그대로 친구가 되어

윤석열의 운명처럼 조국의 미래도 불확실하다. 하지만 확실한 것이 있다. 정치검찰과 언론이 퍼뜨린 '조국 위선자 프레임(frame)'이 무너졌다는 것이다. 프레임은 '사건이나 사물을 대하는 인식의 구조'를 말한다. 조지 레이코프가 『코끼리는 생각하지 마』(유나영 옮김, 와이즈베리, 2015)에서 널리 알린 개념이다. 조국 위선자 프레임은 이렇게 요약할 수 있다. "말로는 공정과 정의를 외쳤지만 뒤로는 입시비리를 저지르면서 자녀를 명문대학에 보낸 위선자였다." 조국 부부와 자녀들이 특별히 비난할 만한 반칙을 저질렀는지, 그것이 형법으로 처벌해야 마땅한 행위였는지에 대해서 나는 법원과 의견이 다르다. 하지만 비난할 소지가 없었다고 생각하지는 않는다.

그렇다고 해서 조국을 위선자라 할 수는 없다. 옳게 살려고 했으나 완벽하지 못했던 것은 위선이 아니다. 선하고 정의롭게 살려고 마음먹은 사람도 실수를 하고 오류를 저지른다. 하지 않았으면 좋았을 행동도 한다. 완벽한 선, 완전한 언행일치를 이루어야 위선자라는 비난을 면할 수 있다면, 누가 감히 사회적 악덕을 바로잡자고 나설 수 있겠는가. 인간은 초월적 존재가 아니다. 모든 생명체가 지닌 자기중심성을 완전히 벗어던질 수는 없다.

사람은 자신과 가족을 위한다. 그러면서도 세상을 더 낫게 하려고, 남과 더불어 살려고 애쓴다. 오로지 자신만 위하는 것을 보수, 오로지 세상을 위하는 것을 진보라고 하자. 이것이 보수와 진보를 가르는 올바른 기준은 아니다. 유일한 기준은 더욱 아니다. 널리 쓰는 기준 가운데 하나일 뿐이다. 불완전한 진보를 공격하는 위선자 프레임이 타당한지 살펴보는 데 적합해서 선택했다. 사람은 자신을 위한 일과 세상을 위한 일을 모두 한다. 그러나 둘을 조합하는 비율과 일하는 방식은 저마다 다르다. 어느 쪽에 더 큰 비중을 두느냐에 따라 보수와 진보로 나뉜다.

보수는 정부의 새로운 정책에 대한 뉴스를 보면 자신에게 이익인지 여부를 먼저 생각한다. 진보는 그 정책이 옳은지 여부를 먼저 생각한다. 먼저 생각한다는 것이지 다른 것은 생각하지 않는다는 말은 아니다. 어느 쪽이 좋다거나 나쁘다는 것도 아니다. 세상에는 이런 사람도 있고 저런 사람도 있다.

자기밖에 모르는 것 같은 사람이 남을 위해 세상을 위해 무엇인가를 하면 사람들은 칭찬한다. 보수도 칭찬하고 진보도 칭찬한다. 그런데 반대 경우는 그렇지 않다. 세상을 위해 사는 것 같았던 사람이 자신과 가족을 위해 무엇인가를 했다는 사실이 드러나면 모두가 비난한다. 보수는 겉과 속이 다른 위선자라 욕하고 진보는 당신이 그럴 줄 몰랐다며 분개한다. 윤석열은 이것을 노렸다. 언론에 정보를 흘려 조국 가족을 파렴치한 범죄 집단으로 낙인찍었다. 진보를 표방하는 언론도 돌을 던졌다. 노무현과 노회찬이 스스로 목숨을 거둘 때 벌어졌던 것과 똑같은 장면이었다.

나는 타인과 세상을 위해 살고 죽는 사람을 우러러본다. 어려운 일이라서, 아무나 할 수 없는 일이라서다. 쉽다면, 그래서 누구나 다 한다면 왜 우러러보겠는가. 나는 자신과 가족의 삶을 스스로 책임지려고 노력한다. 훌륭한 일은 아니지만 반드시 해야 할 일로 여긴다. 그러면서 타인과 세상에 보탬이 되는 일을 마음이 가고 힘이 닿는 범위에서 하려고 한다. 글쓰기 말고 다른 재능이 있어서, 노력하고 도전해서, 운도 따라주어서 빌 게이츠만큼 돈을 많이 벌었다면 그 돈으로 무엇부터 할지 혼자 드러누워 상상해 보기도 했다.

"자신과 가족을 먼저 챙기면서 나라를 걱정하고 정의 실현을 외치다니, 가증스러운 위선자!" 백범 선생님이나 소록도에 인생을 바친 마리안느 수녀님이 그렇게 꾸짖는다면 군말 없이 받아들이겠다. 하지만 오로지 자신의 이익을 위해서 사는 사람이 그렇게 말한다면 분연히 일어나 반박할 것이다. 윤석열과 한동훈을 보라. 그들을 추켜세우는 족벌언론과 재벌언론 사주들을 보라. 인생 어디에 세상을 위해 남을 위해 무언가를 희생한 흔적이 있는가? 나는 발견하지 못했다. 그들은 오로지 자신의 출세와 권력의 단맛을 위해 살았을 뿐이라고 생각한다. 윤석열과 한동훈의 인생은 검사가 되는 데 걸린 시간의 길고 짧음 말고는 별반 다를 게 없다. 조국을 비난했던 족벌신문, 재벌신문의 논설위원들도 조국을 위선자라 비난할 자격은 없다.

완벽하게 훌륭하지 않았다는 이유로 비난받고 조롱당해야 한다면, 조금의 약점만 드러나도 기소되고 유죄판결을 받아야 한다면, 의도하지 않은 오류를 죽음으로 책임져야 한다면, 누가 감히 진보의 삶을 선택할 수 있겠는가. 정치검찰과 보수언론은 말했다. "완벽하게 선할 수 없다면, 아무리 털어도 먼지 한 톨 나지 않을 자신이 없다면, 수치와 불명예의 구렁텅이에서 비참한 최후를 맞고 싶지 않다면, 정의니 공정이니 평등이니 하는 말을 입에 올리지 말라. 노무현과 노회찬과 조국의 최후를 보았지 않았는가!"

그들은 성공하지 못했다. 성공할 수 없다. 사람은 선과 정의를 지향하는 본능이 있다. 모든 사람을 잠시 속일 수 있고 어떤 사람을 영원히 속일 수는 있어도 만인을 영원히 속이지는 못한다. 그들은 잠시 이겼을 뿐이다. 대중은 윤석열을 공정과 상식의 화신으로 여겼던 착각에서 깨어나 정치인 조국을 인정했다. 위선조차 부리지 않는 악보다는 완벽하지 못한 선이 낫다고 판단했다. 2022년 3월 9일에 했던 것과 비슷한 판단 착오를 금방 반복하지는 않을 것이다.

나는 완벽하지 않다. 어떤 면에서도 완전무결한 존재는 될 수 없다. 완벽하지 못하다는 이유로 비난받을 수 있다는 것을 안다. 그러나 그 때문에 움츠리지는 않는다. 불완전한 모습으로, 두려움을 애써 억누르면서, 때로 길을 잃고 방황하면서, 자연이 준 본성에 따라 사회적 미덕과 선을 향해 나아가려 한다. 마찬가지로 불완전한 사람들과 손잡고, 위로하고 격려하면서, 내일의 세상을 오늘보다 무엇 하나라도 낫게 만드는 데 힘을 보태려 한다. 윤석열을 보면서 마음에 새긴다. 서로에 대한 불신과 불관용이 악의 지배를 연장한다는 것을. 부족한 그대로, 서로 다른 그대로 친구가 되어 불완전한 벗을 관대하게 대하면서 나아가야 악을 이겨낼 수 있다는 것을.

여당이 참패한 이유

그에 대한
불신과 분노

여당 의석 계산 공식

우리 정치사에서 여당이 이런 정도로 참패한 것은 처음이다. 민주당은 2008년 18대 총선에서 지역구 66석을 포함해 겨우 81석을 얻었다. 하지만 그때는 이명박에게 정권을 내준 야당이었다. 2020년 21대 총선에서 국힘당은 지역구 84석을 포함해 103석을 얻는 데 그쳤다. 그때 국힘당도 야당이었다. 결과는 4년 전과 비슷하지만, 이번에는 집권당으로서 참패했다. 의석은 비슷하지만 정치적 의미는 다르다.

여야 의석수를 정리한다. 다 알지만 기억해야 할 데이터라서 확인하고 간다. 지역구 254곳에서 국힘당은 90명, 민주당은 161명 당선했다. 3곳은 개혁신당·진보당·새로운미래가 하나씩 당선했다. 비례의석 46석은 더불어민주연합 14, 국민의미래 18, 조국혁신당 12, 개혁신당 2로 나뉘었다. 국힘당과 국민의미래가 통합해 여당은 108석이 되었다. 더불어민주연합이 민주당과 통합할 때 진보당 소속 당선자 두 명이 원대복귀했다. 기본소득당 · 사회민주당도 각각 당선자 한 명을 돌려받았다. 민주당은 우원식 국회의장을 뺀 170석으로 22대 국회에 임한다. 조국혁신당은 12석, 개혁신당과 진보당은 각각 3석, 기본소득당 · 사회민주당 · 새로운미래는 각각 1석이다. 의원정수 300명을 보수:진보로 나누면 111:189, 여야로 구분하면 108:192가 된다. 진보 야당이 입법권을 거의 완전하게 장악했다.

국힘당은 지난 총선에 비해 지역구 당선자를 6명 늘렸고 비례대표 의석을 하나 잃었다. 윤석열은 5년 내내 여소야대 국회를 상대하는 첫 번째 대통령이 되었다. 야당이 동의하지 않으면 법률을 개정하거나 제정하지 못한다. 여당 의원 십여 명만 이탈하면 대통령이 거부권을 발동한 법률안을 국회가 재의결할 수 있다. 대통령 탄핵안이나 개헌안도 의결 가능성이 생겼다. 모두가 이런 결과를 예상하지는 않았던 듯하다. 주요 정당 지도부는 판세를 알았다. 민주당은 과반 의석, 조국혁신당은 10석 획득을 목표로 내세웠지만 국힘당은 목표 의석수를 밝히지 않았다. 선거전 초반에는 호기롭게 '이재명 · 조국 심판'을 외치더니 막바지에는 거대야당의 입법 독재를 막아달라고 앓는 소리를 했다. 내심 108석보다는 많은 의석을 기대했지만 이길 수 있다고 믿지는 않았다는 뜻이다.

윤석열은 달랐다. 희망을 품고 뛰었다. 미친 듯이 전국을 다니면서 민생토론회를 빙자한 선거운동을 했다. 시장과 마트를 방문했고, 의대 입학증원 조처가 야기한 대학병원 마비 사태에 대한 담화도 발표했다. 판세가 절망적이라고 보았다면 그런 표정으로 돌아다니지는 않았을 것이다. 한덕수 국무총리와 대통령실 참모들이 사퇴 의사를 밝히자 그제야 후임자를 물색하기 시작했다는 사실도 총선 판세를 오인했다는 증거다. 여당의 참패를 예상하지 않았기 때문에 후임자를 미리 준비하지 않은 것이다. 새 비서실장과 정무수석을 찾는 데 3주 가까운 시간을 썼고, 홍준표 대구시장과 이재명한테 국무총리를 추천해 달라고도 했다. 22대 국회가 출범한 시점까지 후임 국무총리 후보자를 지명하지 못했다. 서울 강서구청장 보궐선거나 부산 엑스포 유치전 때와 마찬가지로, 그는 자신만의 가상세계를 거닐면서 여당의 승리를 믿었던 것 같다.

국힘당은 왜 졌는가? 여러 원인이 있지만 대통령에 대한 국민의 불신과 분노가 결정적이었다. 윤석열 혼자만 몰랐던 것은 아니다. 언론인과 비평가 중에도 그걸 몰랐던 사람이 많다. 2023년 마지막 정기국회가 끝나고 총선 정국에 들어서자

상충하는 선거 전망이 난무했다. 누가 옳은지 알 수 없었기에 무슨 주장을 해도 괜찮았다.

여의도의 '속설(俗說)'에 따르면 '여당의 총선 의석수는 대통령 국정수행 지지율에 3을 곱한 값에 수렴한다.' 대통령 임기 중반에 치르는 총선은 특별한 변수가 없는 경우 그렇게 된다는 가설이다. 대통령 국정수행 지지율이 오래전부터 선거일까지 일정한 수준을 유지했다면 맞아떨어질 확률은 더 높아진다.

〈그림1〉 대통령 국정수행 평가(조사방법 전체, 조사기간 임기 전체)

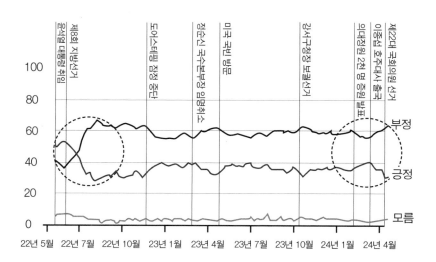

조사기간 : 2022년 05월 10일 ~ 2024년 04월 10일(926개 조사 - 전화면접 318개, ARS 598개)

앞의 그림을 보라. 윤석열 취임 이후 총선 직전까지 대통령 국정수행 지지율이다. 〈MBC의 선거 여론조사 사이트 '여론M'〉(https://poll-mbc.co.kr)에서 가져왔다. 여의도의 속설이 통했다. 총선 결과는 오래전에 결정되었다고 할 수 있다.

'여론M'은 언론이 보도한 모든 여론조사 데이터를, 수학과 통계학을 좀 아는 사람이라야 이해할 수 있는 방법으로, 매주 종합해 하나의 수치를 산출한다. 전화면접 방식과 자동응답(ARS) 방식 조사를 나누어 산출한 수치와 종합한 수치를 다 제공한다. 이 그래프는 모든 여론조사를 종합한 수치를 보여준다. 2022년 5~8월과 2024년 2~4월의 변화를 눈여겨보자. 점선으로 표시해 두었다. 앞으로 인용하는 여론조사 데이터도 모두, 다른 설명이 없는 한, '여론M'에서 인용했다는 사실을 밝혀둔다.

두 선은 대통령 국정수행에 대한 긍정 평가와 부정 평가 비율을 나타낸다. 2022년 5월 2주에 51:42로 출발한 윤석열의 국정수행 긍정:부정 평가 비율은 지방선거를 치른 6월 1주 52:38로 정점에 올랐다가 곧바로 하락해 7월 1주 45:51로 뒤집혔다. 총선 이전 최악은 2022년 8월 1주의 28:67이었고 2023년 최고 기록은 7월 1주의 39:55였다. 국정수행 지지율은 2024년 1월 4주까지 35:60선을 기준으로 의미 없는 등락을 반복했다. 그런데 2024년 2월 1주부터 긍정 평가 비율이 오르기 시작해 3월 1주 41:56이 되었다. 하지만 3월 2주 하락세로 전환해 총선 직전인 4월 1주에는 장기 추세와 거의 같은 36:60으로 돌아갔다.

2월 여론조사의 국정수행 지지율 상승이 실제 민심의 변화를 드러낸 것이었는지 여부는 뒤에서 저널리즘을 비평할 때 따져 보기로 하고, 여기서는 각각 35퍼센트와 60퍼센트의 유권자가 윤석열의 국정수행을 꾸준하게 긍정 또는 부정 평가하는 가운데 총선을 치렀다는 사실을 강조한다. 한 가지, 대부분의 여론조사에서 50퍼센트 안팎의 응답자가 윤석열이 국정수행을 '매우 잘못한다'라고 했다는 사실이 중요하다. 국힘당은 유권자 절반 정도가 대통령을 '강력 비토'하는 가운데 선거를 치렀다. 한동훈이나 국힘당 지도부나 지역구 후보들이 잘못해서 총선에 참패한 게 아니라는 뜻이다.

총선 전 마지막 주 국정수행 긍정 평가 36퍼센트에 3을 곱해 보라. 놀랍지 않은가? 국힘당과 국민의미래는 정확히 108석을 얻었다. 지난 총선도 그랬다. 2020년 4월 총선 전 마지막 주 문재인 국정수행 지지율은 55퍼센트였는데 3월 이후 빠르게 상승하는 중이었다. 민주당과 더불어시민당은 180석을 얻었다. 총선 직후 국정수행 지지율이 60퍼센트를 훌쩍 넘은 것으로 보아 총선 당일에는 60퍼센트에 근접했다고 추정할 수 있다. 정권 중간평가 성격을 가졌던 최근 두 번의 총선에서 여당 의석수를 계산하는 여의도의 속설이 적중했다.

유권자 이동성

2월 여론조사의 여당 지지율 상승과 3월 중순 이후 여론조사의 여당 지지율 하락 이유를 누구도 확실하게 밝히지 못했다. 수수께끼라 하고 넘어가자. 만약 실제 민심이 그렇게 요동쳤다면 한동훈과 국힘당 지도부가 총선 참패 책임을 져야 한다. 한동훈이 사퇴하긴 했지만 그 때문은 아니었다. 비대위는 어차피 해산할 조직이었다. 책임지는 자세를 가진 정치인이라는 이미지를 얻으려고 물러나는 이벤트를 했을 뿐이다. 한동훈은 내심 윤석열 때문에 졌다고 생각할 것이다.

나는 2월 대통령 국정수행 지지율과 국힘당 지지율 상승이 '통계적 소음' 때문에 생긴 현상이라고 본다. 언론은 '요동치는 여론'이니 '지지율의 반전'이니 '마지막 변수'니 떠들었지만 민심의 흐름과 윤석열 비토 정서의 수위(水位)는 이렇다 할 변화가 없었다. 선거전의 이슈들은 민심의 수면만 스치고 지나갔다. 13일의 공식 선거운동 기간에도 여야의 승패를 바꿀 만한 변수는 없었다.

지난 일을 들추려고 여론조사 이야기를 하는 게 아니다. 미래를 위해서다. 2026년 6월 지방선거를 하고, 윤석열이 임기를 채울 경우 2027년 3월 9일 대통령선거를 한다. 그때도 언론은 자기네 마음에 드는 여론조사 데이터만 골라 보도하고 자기네가 바라는 대로 해석한 기사를 쏟아낼 것이다. 지난 대선과 이번 총선에서 했던 것과 똑같은 방식으로 여론조사 데이터로 민주당을 공격하고 국힘당에 힘을 실어줄 것이다. 그런 보도에 속지 않으려면, 윤석열 같은 사람을 다시는 대통령으로 뽑지 않으려면, 선거여론조사 데이터와 언론의 여론조사 보도를 해석하는 능력을 길러야 한다. 거듭 말한다. 경험은 좋은 선생님이다.

선거여론조사의 데이터는 정당 지지율과 후보 지지율 말고도 여러 가지가 있다. 관련 데이터를 두루 살펴야 판세를 옳게 읽을 수 있다. 예를 들어 '총선 성격'에 대한 여론조사가 그렇다. 정부를 지원하기 위해 여당 후보를 많이 뽑아야 한다고 생각하는지, 아니면 정부를 견제하기 위해 야당 후보를 많이 뽑아야 한다고 생각하는지 묻는 조사였다. 2024년 1월 초 39:50으로 출발한 정부지원:정부견제 비율은 대통령 국정수행 지지율이 상승한 시기에 5퍼센트까지 격차가 줄었지만 총선이 다가오자 격차가 다시 커졌다. 4월 3일의 마지막 조사는 39:49였다. 총선 전 석 달 동안 평균 10퍼센트 포인트 정도 정부견제 응답 비율이 높았다.

이 데이터를 총선 결과와 비교해 보자. 국민의힘 득표율은 36.67퍼센트로 정부지원 응답비율보다 낮았다. 그러나 여기에 '지국비자(지역구는 국힘, 비례는 자유통일당)' 캠페인을 벌였던 극우 성향의 자유통일당 득표율 2.26퍼센트를 합치면 정부지원 응답비율 39퍼센트와 같다. 정부견제 응답비율은 진보야당 득표율과 비슷했다. 더불어민주연합 26.69퍼센트와 조국혁신당 24.25퍼센트를 합치면 51퍼센트였다. 녹색정의당 2.14퍼센트는 그 기준으로 평가하기 어려워 논외로 했다.

민심은 움직인다. 민심 변화는 '유권자 이동성(mobility)'이라는 개념으로 설명할 수 있다. 유권자 이동성은 정부에 불만을 느끼는 유권자가 야당 지지로 옮겨가는 정도를 가리킨다. 유권자 이동성이 매우 낮으면 정당은 국민을 무시해도 된다. 낮은 이유가 무엇이든 상관없다. 정책을 혁신하지 않아도 되고 다른 정당과 타협할 필요도 없다. 그래 봐야 득표가 늘어나지 않고, 그렇게 하지 않는다고 해서 득표가 줄어드는 것도 아니다. 반면 유권자 이동성이 지나치게 높으면 정당들이 비슷해진다. 조금만 여론에 어긋나는 정책을 펴도 의석을 모조리 잃을 위험이 있기 때문에 끊임없이 여론의 눈치를 살피면서 서로를 모방한다. 싸울 일이 줄어들고 쉽게 타협한다. 그러면 정치가 소수 집단의 요구를 반영하지 못한다. 유권자 이동성은 적당한 수준이라야 바람직하다. 그래야 정당들이 이념 정체성을 유지하면서 실질적으로 경쟁한다. 기존의 정책을 무작정 고집하지 않고 민심을 살피면서 국민의 다양한 요구를 최대한 받아들인다.

우리나라의 유권자 이동성은 어떤 수준일까? 적당한 수준이라고 본다. 예전에는 그렇지 않았다. 1987년 대선과 1988년 총선은 지역주의가 지배했다. 노태우의 민정당은 대구와 경북, 김대중의 평화민주당은 호남, 김영삼의 통일민주당은 부산과 경남, 김종필의 신민주공화당은 충청 지역을 거의 완벽하게 장악했다. 노태우와 김영삼·김종필은 1990년 보수·중도대연합 민주자유당으로 통합해 평민당과 호남을 포위했다. 3당 합당 이후 의미 있는 정치적 경쟁은 서울을 포함한 수도권에서만 이루어졌다. 민주자유당 합류를 거부한 노무현은 1997년 대선을 앞두고 김대중의 민주당으로 이적해 해수부장관을 지냈고 대통령이 되었다. 하지만 부산에서 출마했을 때는 국회의원 선거와 시장 선거 모두 득표율 40퍼센트를 넘기지 못하고 낙선했다.

우리나라의 유권자 이동성은 조금씩 높아져 왔다. 국힘당은 여전히 호남 기반을 만들지 못했다. 어느 정도 경쟁력이 있는 후보라야 득표율 10퍼센트를 넘긴다. 그러나 민주당은 다르다. 대구·경북에서도 30퍼센트 선을 넘나든다. 부산·울산·경남에서는 이기든 지든 40퍼센트 선을 넘긴다. 지난 세 차례 총선에서 5~8명밖에 지역구 당선자를 내지 못했지만 득표율 격차는 크지 않았다. 충청·강원·제주와 수도권은 유권자 이동성이 상당히 높다. 두 정당이 선거 때마다 승패를 주고받았다.

국힘당은 2022년 전국 선거를 두 번 이겼다. 3월 대통령 선거는 간신히, 6월 지방선거는 넉넉하게 앞섰다. 어떤 비평가들은 그때의 지역별 선거결과를 토대로 이번 총선의 국힘당 승리 또는 여당 선전을 장담했다. 전국 선거를 비평할 때는 유권자 이동성을 살펴야 하는데도 합당한 이유 없이 무시했다.

4년 전 총선의 민주당과 국힘당 지역구 후보 평균 득표율은 49.9:41.5로 8.4퍼센트 포인트 격차가 났다. 이번 총선은 50.5:45.1로 민주당이 겨우 5.4퍼센트 포인트 앞섰다. 다음 선거에서 유권자 열 가운데 하나만 민주당에서 국힘당 지지로 돌아서면 국힘당이 압승한다. 유권자 이동성이 높으면 선거는 매번 새로운 게임이 된다.

논리적으로 추론하든 데이터를 보든 결론은 같다. 집권당 총선 참패의 가장 큰 책임은 윤석열한테 있다. 대선에서 윤석열을 찍었던 유권자 중 상당수가 그가 대통령으로서 일을 매우 잘못했을 뿐만 아니라 나아질 가능성도 없다고 판단하고 야당에 표를 주었다.

더 큰 잘못을 저지르지 않도록 정부를 견제하고 대통령이 이미 저지른 잘못을 최대한 바로잡으라고 했다. 윤석열의 운명은 국정수행 지지율에 달렸다. 대통령을 신뢰하는 국민이

30퍼센트에도 미치지 못하는 상황이 길게 이어지면 탄핵 가능성이 높아진다.

보수의
분열

연합의 승리

여당이 총선에 진 이유는 더 있다. 보수의 분열과 국힘당의 무기력이다. 언론의 몰락과 저널리즘의 구조 변화도 국힘당의 패배를 부추겼다. 먼저 이 문제들을 살펴보고, 국민이 왜 윤석열을 불신하는지 이야기하겠다. 윤석열은 보수·중도 대연합을 해체하고 보수를 분열시켰다.

사회생물학자 프란스 드 발은 『침팬지 폴리틱스』(장대익·황상익 옮김, 바다출판사, 2018)에서 주장했다. '정치는 인류 역사보다 오래되었다.' 호모 사피엔스의 정치행위에는 침팬지와 공유하는 생물학적 기초가 있으며, 그것은 인류가 출현하기 전부터 존재했다는 뜻이다. 인간을 침팬지 수준으로 비하했다는 오해는 하지 마시라.

사회생물학은 사회성 행동의 생물학적 기초를 탐구한다. 인간과 침팬지는 군집을 이루고 사는 사회성 동물이다. 여러 세대가 분업하고 협업해 먹이를 구하고 자녀를 양육한다. 사회적 위계와 서열을 만든다는 점도 같다. 위계와 서열의 정점에는 보통 알파 메일(우두머리 수컷)이 있다. 두 종이 모든 면에서 같다는 건 아니다. 침팬지와 달리 인간은 자신이 왜 위계와 서열을 만드는지 묻는다. 바람직한 일인지 따진다. 정점에 반드시 수컷이 있어야 하는지 의문을 제기한다. 위계와 서열 형성이 불가피하다면 어떤 방식으로 하는 것이 좋을지 고민한다.

하지만 서열의 윗자리를 차지하려는 권력투쟁의 양상은 차이가 없다. 드 발은 침팬지 무리의 권력교체 과정을 관찰한 끝에 두 가지 결론을 내렸다. 첫째, 수컷이 알파가 되는 데는 육체의 힘보다 연합하는 능력이 중요하다. 수컷들은 힘이 비슷비슷하다. 차이가 있어도 그리 크지 않다. 하나가 둘 이상을 당해내지 못한다. 연합하는 능력이 부족하면 우두머리가 되기 어렵고, 된다고 해도 자리를 유지하지 못한다. 둘째, 알파 메일은 '보안관 행동'을 한다. 다른 개체들의 분쟁에 개입할 때 약자의 편을 든다. 보안관 행동을 소홀히 하면 도전자와 싸울 때 무리의 지원을 받지 못한다. 무리가 도전자를 편들어 함께 공격하기도 한다.

인간의 정치도 다르지 않다. 정치인과 정당은 연합하는 능력이 있어야 집권할 수 있다. 권력을 오래 유지하려면 대중의 지지를 받아야 한다. 언제나 그랬지만 민주주의 사회에서는 더욱 그렇다. 그래서 정치인은 소수의 강자가 아니라 다수의 약자를 보살피려 한다. 심지어는 부자와 강자를 위한 정책을 펼 때도 그것이 가난하고 약한 사람에게 도움이 된다고 주장한다. 여기서는 연합하는 능력에 대해서만 살피고, 보안관 행동이 권력의 향배와 권력자의 운명에 미치는 영향에 대해서는 제6장에서 이야기하겠다.

드 발의 이론으로 최근 대선과 총선 결과를 설명해 보겠다. 윤석열은 보수 · 중도 대연합을 해서 대선을 이겼다. 먼저 이준석 대표가 이끄는 국힘당에 들어가 후보가 되었다. 경선 상대였던 홍준표 · 유승민 · 원희룡이 승복했다. 본선에서는 국민의당 안철수 후보와 단일화했다. 보수를 결속하고 중도를 아우른 것이다. 반면 이재명은 내부 분열에 시달렸다. 대장동 사건 폭로를 포함해 할 수 있는 모든 방법으로 비방전을 폈던 이낙연 진영은 경선 불복에 버금가는 행태를 보였다. 선거캠프의 핵심 참모를 포함한 열성 지지자들이 윤석열 캠프로 넘어가 비방전을 이어갔다. 이재명은 심상정 후보와 연합하는 문제에 대해 입도 떼지 못했다.

언론은 일방적으로 윤석열을 편들었다. 극소수 중립 성향 언론사를 제외한 모든 신문 방송이 그랬다. 윤석열을 검증 대상에서 사실상 제외했고 이재명 관련 의혹은 진위를 가리지 않고 부풀렸다. 윤석열은 정치권을 넘어 언론까지 포섭했지만 이재명은 민주당 내부조차 결속하지 못한 상태에서 선거일을 맞았다. 그런데도 득표율 격차는 겨우 0.7퍼센트 포인트였다. 윤석열은 중도와 보수의 최대연합을 형성하고서도 민주당 최소연합조차 이루지 못한 이재명한테 질 뻔했다.

윤석열은 정치 초보였고 대선을 간발의 격차로 겨우 이겼으며 야당이 압도적 다수 의석을 가진 국회를 상대해야 했다. 인수위 시절부터 리더십을 의심받은 탓에 취임 시점의 국정수행 지지율이 전임 대통령들보다 낮았다. 정권의 정치적 기반이 튼튼하지 않았다. 약점을 보완하려면 안철수를 정권의 대주주로 존중함으로써 보수·중도 대연합을 유지했어야 했다. 이준석과 경선 경쟁자들을 집권당의 지분 소유자로 인정하고 적절한 예우를 함으로써 보수를 결속해야 했다.

그런데도 반대로 갔다. 경선 차점자 홍준표와 유승민을 홀대했다. 꼴찌 원희룡한테만 장관 자리를 주었다. 젊은 남성 유권자의 지지를 받던 이준석을 내쫓았다. 그 자리에 도전한 안철수를 모욕했고, 나경원을 공개 협박해 주저앉혔다. 경기도지사 후보 경선에서는 측근 김은혜를 지원해 유승민을 무릎

꿇렸다. 당원과 국민의 지지를 거의 받지 못했던 김기현을 당 대표로 사실상 지명했다. 총선을 코앞에 둔 시점에서 김기현마저 내쫓고 한동훈을 법무부장관에서 여당 비대위원장으로 이동 배치했다.

윤석열은 보수와 중도의 연합을 깨뜨리고 보수를 분열시키는 데 그치지 않았다. 대통령실과 내각과 정부기관에 극우 성향의 망나니, 무능한 아첨꾼, 정치 검사, 심지어 술친구까지 불러들였다. 대통령실과 정부에서 공직 경력을 부풀린 측근과 전직 검사들을 총선에 내보냈다. 모든 정치연합을 자기 손으로 해체하고 보수의 한 축에 불과한 극우와 검찰 세력의 수장을 자처한 것이다. 침팬지 알파 메일도 이렇게 하면 권력을 지키지 못한다. 인간의 권력이야 말해 무엇 하겠는가.

총선은 예고편에 지나지 않는다. 민주당은 예전보다 더 전투적으로 윤석열의 권력 기반을 공략할 것이다. 이준석은 비례대표 둘을 동반해 여의도에 입성했다. 나는 이준석의 낙선을 바랐다. 그런 마음 때문에 그가 선거전을 어떻게 벌이고 있는지 들여다보지 않았다. 개표 상황을 보면서 이준석이 내가 생각했던 것보다 능력 있는 정치인임을 알았다. 그의 재능을 과소평가했다는 사실을 인정하고 비평가로서 태만했음을 반성했다.

이준석한테 민주당은 의석 하나를 빼앗겼지만, 국힘당과

윤석열은 의석수로 헤아리기 어려운 타격을 입었다. 이준석을 내쫓지 않았으면 국힘당은 세 석을 더 얻었을 뿐만 아니라 개혁신당 지역구 후보가 얻은 표도 가질 수 있었다. 보수의 분열에 실망해 투표를 포기한 유권자도 없지 않았을 것이다. 게다가 국힘당의 주주가 될 만한 정치인을 배제하고 정치 초보 한동훈과 몇몇 친윤 국회의원들이 총선을 지휘하게 한 결과, 공천을 잘했으면 잡을 수도 있었을 지역구를 여럿 놓쳤다. 이준석은 언젠가는 국힘당에 복귀하겠지만 그때까지는 만만치 않은 '마이크 파워'로 윤석열을 때릴 것이다.

윤석열은 언론 환경도 자기 손으로 훼손했다. 대선과 총선에서 그를 노골적으로 편들었던 언론이 등을 돌리면서 상황이 더 심각해졌다. 총선 이후 언론은 윤석열 정부에 대한 '우호적 지적과 비판'을 넘어 정책 무능을 비판하는 사설과 내부 필자 칼럼을 내보내기 시작했다. 김건희 특검법과 채해병 특검법을 수용하라고 요구했다. 윤석열이 조·중·동이 아니라 고성국TV 같은 극우 유튜브 방송을 애청한다는 소문이 악영향을 끼쳤다. 국회 탄핵으로 직무가 정지되었던 시기에 박근혜가 정규재TV와 단독 인터뷰를 했던 일을 생각해 보라. 그때 조·중·동을 위시해 모든 언론이 화를 냈다. '우리를 버리고 일개 유튜버와 단독 인터뷰를 하다니!'

맹종하는 집권당

정당은 내부가 튼튼히 결속했을 때 힘을 낼 수 있다. 국힘당은 윤석열을 중심으로 뭉쳐 있다. 정치인은 이탈 조짐이 있지만 당원들은 그렇지 않다. 그런데 이것도 그에게 좋은 일은 아니다. 정상적인 결속이 아니라 분열의 증상이기 때문이다. 중도·보수 대연합을 해체하고 보수를 분열하게 만든 결과 국힘당에는 윤석열 맹종 세력만 남았다. 국힘당은 탄력성을 잃고 국민과 멀어졌다. 총선에서 무기력하게 졌다. 국힘당 지도부는 패배를 뻔히 예측할 수 있는 상황인데도 적절하게 대응하지 못했다. 대통령에 대한 국민의 불신과 분노가 위험 수위에 이르렀는데도 윤석열을 맹종했다. 윤석열 대리인 한동훈을 총선에 앞세웠다.

국힘당 정치인과 당직자들이 바보라서 그랬던 게 아니다. 그들도 데이터를 읽을 줄 안다. 이준석의 당원권을 정지한 2022년 7월 말 국힘당 지지율이 민주당에 뒤지기 시작했다. 검찰이 이재명을 본격 수사하고 언론이 이재명 의혹으로 포털과 방송 뉴스를 채웠던 시기에 잠시 앞섰지만 2023년 3월 재역전 이후 2024년 1월까지 줄곧 민주당에 3퍼센트 포인트 넘는 격차로 끌려다녔다.

그랬던 정당 지지율이 2024년 2월 첫 주부터 오르기 시작해 2월 4주에는 41:36으로 민주당을 앞섰다. 그런데 양상이 특이했다. 민주당 지지율은 그대로인데 국힘당 지지율만 올랐다. 데이터는 해석을 요구한다. 대통령 국정수행 지지율과 국힘당 지지율, 그리고 정부를 지원하기 위해 여당 후보를 뽑겠다는 여론조사 응답 비율이 동시에 상승했다면 이유가 있을 텐데 그럴만한 것을 찾기 어려웠다. 다른 결과를 낸 여론조사도 있었다. 〈여론조사 꽃〉의 조사는 국힘당 지지율 상승 흐름이 약했다. 격차를 좁혔지만 여전히 민주당에 뒤졌다. MBC의 패널 여론조사 데이터는 2023년 12월 3주의 1차 조사부터 2024년 3월 1주의 4차 조사까지 사실상 아무 변화가 없었다.

패널 여론조사는 같은 사람들을 주기적으로 조사한다. 외부에서 발생한 '통계적 소음'이 들어오기 어렵다. 조사 결과의 절대적 수치는 중요하지 않다. 여론의 변화 유무, 변화의 방향, 변화의 강도를 보는 게 목적이다. 4차 조사에 조국혁신당이 들어와 더불어민주연합 표를 일부 흡수하고 중도층 표를 모은 것 말고는 의미 있는 변화가 없었다.

큰 사건이 여럿 일어났는데도 여론 흐름은 달라지지 않았다. 몇 가지만 보겠다. 2023년 12월 26일 한동훈이 국힘당 비대위원장이 되었다. 수락연설에서 총선 불출마 의사를 밝히고 민주당을 조롱했다. 자신이 스스로 빛을 내는 '발광체'가 아니라 윤석열의 뜻을 대리하는 '반사체'임을 분명히 했다. 윤석열을 불신하는 중도층의 마음을 붙드는 데는 아무 효과가 없다는 것을 삼척동자라도 알 수 있었지만 국힘당 정치인과 언론은 모른 척했다.

12월 28일 국회가 김건희 특검법안과 대장동 50억 클럽 특별법안을 의결했다. 이른바 쌍특검법안이다. 한동훈은 총선 민심 교란용 악법이라 비난했다. 국힘당이 거부권 행사를 대통령에게 요청하자 대통령실은 특검법이 이송되어 오면 곧바로 거부권을 행사하겠다고 공언했다. 70퍼센트가 특검에 찬성한 국민 여론을 무시했다. 총선을 앞둔 정당의 행위라고 믿기 어려웠다. 해가 바뀌자 언론은 유선 RDD(random digit dialing)를 섞은 1천 샘플짜리 전국여론조사 결과를 근거로 총선 판세가 여야 박빙이라는 보도를 쏟아냈다. 이것 역시 상식으로는 이해하기 힘든 일이었다.

정부가 쌍특검법을 거부하기 위해 국무회의를 준비했고 민주당이 대통령 주재 신년인사회 불참을 결정했던 2024년 1월 2일, 극우 유튜브 방송과 친윤 신문·잡지를 구독하는 일로 소일하던 67세 남자가 부산 가덕도 행사장에서 예리한 양날 칼로 이재명의 목을 찔렀다. 칼날이 조금만 더 깊이 들어갔으면 경동맥이 잘려 목숨을 잃었을지 모른다. 그런데도 정부와 국힘당과 언론은 범인의 신상과 범행 동기를 감추었고, 이재명이 서울대병원에서 수술을 받은 것을 부당한 특권이라고 비난하는 데 전력을 쏟았다.

윤석열이 쌍특검법안에 대해 재의 요구권을 행사하고 1주일이 지난 1월 12일 탐사보도 전문 채널 〈뉴스타파〉가 검찰이 권오수 도이치모터스 회장의 주가조작 사건 1심 재판부에 낸 의견서를 공개했다. 한동훈이 법무부장관이었던 시기에 검찰이 법원에 제출한 의견서는 김건희와 최은순이 도이치모터스 주식 거래로 각각 13억 9천만 원과 9억 원의 차익을 얻었다는 사실을 명시하고 있었다. 언론은 보도하지 않았지만 민주당의 문제 제기와 유튜브 방송을 통해 널리 알려졌다.

대부분 여당에 불리한 사건이었는데도 한국갤럽 조사와 NBS 전국지표조사 등 유명한 전화면접 여론조사의 국힘당 지지율은 상승했다. 이해할 수 없는 현상은 아니었다. 윤석열이 아내와 장모의 범죄를 감추고 검찰 수사를 막았다는 의혹을 모르는 사람은 없었다. 검찰을 시켜 이재명을 제거하려고 한 것도 마찬가지였다. 그걸 알면서도 윤석열이 국정수행을 잘한다고 응답했던 사람들이 이재명이 테러를 당했다고 해서 마음을 바꿀 가능성은 희박하다. 쌍특검법안을 거부했다고 해서 윤석열과 국힘당에 대한 지지를 철회할 리도 없다.

그렇지만 유권자 절반이 윤석열을 강력 거부하는 상황에서 여당이 이길 수는 없다. 그런데도 국힘당 정치인들은 윤석열을 추종했다. 이준석 축출에서 시작해 한동훈 비대위원장 낙점을 거쳐 '윤석열 낙하산' 공천까지 밀고 간 모든 당무 개입 행위를 군말 없이 수용했다. 한동훈은 집권당이 총선에서 많은 의석을 얻으면 나라와 국민을 위해 무엇을 할 것인지 말하지 않고 이재명과 조국과 민주당 후보들을 헐뜯는 데 몰두했다. 국민과는 대화하지 않고 당이 유세장에 동원한 당원의 박수와 환호성을 즐기며 '셀카 놀이'를 했다. 디올 백 스캔들을 슬쩍 비판했다가 황급히 주워 담았고, 방송 카메라 앞에서 윤석열에게 폴더 인사를 하며 머리를 조아렸다.

이토록 어리석고 무기력한 여당의 선거전은 본 적이 없다. 윤석열이 국정운영에 무능했던 만큼 국힘당은 선거에 무능했다. 이런 대통령과 집권당이 존재한다는 사실을 믿기 어려울 정도였다. 총선 패배의 가장 큰 책임은 윤석열에게 있지만 윤석열 혼자 총선에서 진 것은 아니다. 국힘당도 함께 졌다. 그런데도 국힘당 당원과 지지자들은 묻지 않는다. 자신의 정당이 왜 그토록 무기력해졌는지.

국힘당의
무기력

정당은 누구 것인가

국힘당의 총선 참패와 관련해 당원의 책임을 거론하는 이는 드물다. 다들 윤석열의 잘못과 한동훈의 역량 부족을 지적한다. 하지만 나는 근본적인 책임이 국힘당 당원에게 있다고 본다. 여기서 당원은 일반당원과 책임당원뿐만 아니라 국힘당 소속 직업 정치인과 당직자도 포함한다.

대의민주주의 체제에서는 정당이 정치의 주체다. 정당이 정책을 만들고 공직 후보를 공천한다. 국회가 중요한 법률안을 의결할 때는 당론으로 찬반을 정한다. 정치인은 대개 정당의 후보로 공직선거에 출마하며 공직자가 되면 당의 강령과 정책을 실현하려고 노력한다. 그렇다면 정당은 누구의 것인가? 정당 의사결정의 주체는 누구인가? 당원이다. 당원이 정당의 주인이다. 당원이 당의 지도자와 공직 후보를 선출하고, 당원이 당의 강령과 당헌 당규를 의결한다.

국가는 국민이 주권자이고 정당은 당원이 주권자다. 대통령을 잘못 뽑아서 나라가 흔들리면 최종 책임은 국민이 져야 한다. 당 지도부와 공직후보를 잘못 뽑았으면 최종 책임을 당원이 져야 한다. 국힘당 당원은 윤석열을 대통령 후보로 선출하고 선거운동을 해서 당선시켰다. 윤석열이 당의 대표를 마음대로 갈아치워도 다 받아들였다. 지금도 윤석열이 원하는 정치인을 당 대표로 뽑을 태세다.

현재 시점 국힘당의 주권자는 당원이 아니라 윤석열이다. 총선 참패를 자초했는데도 국힘당 국회의원과 당원들은 변함없이 그에게 복종한다. 21대 국회가 임기 종료를 앞두고 의결한 채해병 특검법을 윤석열은 또 거부했고, 국힘당 국회의원 대다수가 재의결에서 반대표를 던져 부결 폐기했다. 그런데도 대통령과 국회의원들을 비판하는 당원은 거의 없다. 소수의 해병대 출신 당원이 탈당했을 뿐이다. 21세기 민주공화국의 집권당이 권력자의 사조직으로 전락했다. 말이 되지 않지만 엄연한 현실이다.

총선 이후 대통령 국정수행 지지율이 30퍼센트 아래로 떨어졌다. 어떤 조사에서는 21퍼센트까지 내려갔다. 하지만 실제 민심이 그런지는 의문이다. 속상한 여당 지지자들이 여론 조사 전화를 기피한 탓에 여론조사 지표만 나빠졌을 수 있다. 윤석열이 국정을 잘 운영한다고 했던 35퍼센트의 시민들이, 투표장에 나와 국힘당 지역구 후보에게 평균 45.1퍼센트의 득표를 안겨주었던 유권자들이, 설마 여당이 총선에 졌다고 해서 바로 생각을 바꾸었겠는가. 나는 믿지 않는다. 윤석열의 중대한 법률 위반 행위가 분명하게 드러나거나 자신들의 도덕과 상식에 비추어 도저히 용납할 수 없는 국정농단 사례가 확인되지 않는 한, 그들은 앞으로도 모든 선거에서 국힘당을 지지할 것이다.

우리나라 유권자 열 가운데 '최소한 셋'은 어떤 상황에서도 국힘당을 지지한다. 국힘당 후보가 너무 싫으면 투표를 포기한다. 민주당 후보를 찍으려고 굳이 투표장에 가지는 않는다. 유권자 열 가운데 '셋 정도'는 어떤 상황에서도 민주당을 지지한다. 민주당 후보가 너무 싫은 경우에는 작은 진보정당에 표를 주거나 투표를 포기한다. 국힘당 후보를 찍으려고 투표장에 가는 수고는 하지 않는다. '최소한 셋'은 '셋 정도'보다 많다. 우리 사회는 보수가 살짝 우세하다.

남은 넷 가운데 '최소한 둘'은 평소 지지하는 정당이 없고 정치에 대한 관심이 희박하며 아예 투표를 하지 않는다. 그래서 대통령선거도 투표율이 80퍼센트를 넘지 않는다. 남은

'둘 정도'가 비평가들이 좋아하는 '스윙 보터'다. 그들은 선거 때마다 조금이라도 나은 것 같은 정당과 후보에게 표를 준다. 여론조사에서는 투표하지 않는 20퍼센트와 그때그때 지지 정당을 바꾸는 20퍼센트를 합쳐 '무당층' 또는 '중도'라고 한다.

요약하면 우리나라 유권자의 이념 성향은 보수:진보:중도가 3:3:4 정도 된다. 투표를 하지 않는 무관심층을 제외하면 3:3:2다. 지난 대선 때는 중도층이 이재명과 윤석열로 반씩 쪼개졌기 때문에 투표율 78퍼센트에 득표율 0.7퍼센트 포인트 차이로 승패가 났다. 그런데 윤석열이 취임하고 석 달쯤 지났을 때 대선에서 그를 지지했던 중도층 일부가 후회하기 시작했다. 그래서 국힘당은 투표율 67퍼센트였던 이번 총선 지역구에서 민주당보다 평균 5.4퍼센트 포인트 뒤졌고, 수도권과 충청권 등 경합지에서 대패했다.

윤석열의 왕정

윤석열은 총선 후 첫 국무회의에서 자신은 국정수행을 옳게 했는데 홍보가 되지 않아서 또는 세심하게 챙기지 못해서 국민이 느끼지 못했다고 주장했다. 취임 2주년 기자회견에서도 비슷한 말을 했다. 이렇게 하는 한 국정수행 지지율은 오르지 않을 것이다. 하지만 그에게 큰 문제가 생긴 것은 아니다. 국힘당 의원이 열 명 넘게 이탈하지만 않는다면 앞으로도 야당이 추진하는 특검법안을 다 폐기할 수 있다. 대통령 탄핵도 막을 수 있다. 2년 동안은 전국 선거가 없기 때문에 여당 국회의원들이 대통령과 싸울 이유도 없다. 국힘당 당원들은 극우 이념과 이재명 혐오로 뭉쳐 있다. 당 대표를 낙점하진 못한다 해도 싫은 사람이 되는 것을 막을 수는 있다. 대통령으로서 꼭 하고 싶은 일이 있는 것도 아니다. 입법을 하지 못한다고 해서 아쉬울 건 없다.

그런데 국힘당 국회의원 입장에서는 다르게 볼 수 있다. 윤석열은 아무리 늦어도 2027년 5월 8일 자정에 퇴임하는 반면 자기네는 계속 정치를 해야 한다. 윤석열에 대한 민심이 더 나빠지면 다음 지방선거는 하나 마나다. 대선도 패할 가능성이 높다. 그것까지는 괜찮다. 문제는 2028년 4월이다. 정권을 잃을 경우 민주당 대통령 취임 1년도 되기 전에 23대 총선을 치른다. 이번 총선보다 더 크게 질 위험이 있다. 의석이 백 개 아래로 내려가면 민주당이 개헌을 추진하거나 선거제도를 변경해도 막기 어렵다.

시간이 제법 남아 있지만 해결 전망은 보이지 않는다. 윤석열은 언론과 손잡고 이재명과 민주당에 대한 혐오를 조장하는 방식으로 권력을 잡았다. 집권 후에는 보수·중도 대연합을 해체하고 보수를 분열시켰다. 당내 민주주의를 무너뜨리고 당원을 극우화했다. 극우 유튜버를 장관과 공공기관장으로 임명했다. 총선 후에도 여전히 정책은 외면하고 야당을 비방하는 일에 몰두한다. 이재명은 민생회복지원금 25만 원 보편지급 주장을 철회하고 정부 여당의 선별지급 주장을 받아들이겠다고 물러섰다. 국민연금 개혁 문제도 보험료율을 13퍼센트로 대폭 인상하고 소득대체율을 44퍼센트로 소폭 올리자는 여당 주장을 수용한다고 했다. 하지만 정부 여당은 어느 것도 하지 않았다. 이재명이 원하는 것을 들어주지 않으려고 반대를 위한 반대를 해왔음을 시인한 셈이다.

총선에서 참패하고 대통령 국정수행 지지율과 정당지지율이 폭락했는데도 국힘당은 조용하다. 김웅·조해진 등 낙천·낙선자와 극소수 수도권 당선자들이 다른 목소리를 냈지만 호응을 얻지는 못했다. 국회의원들은 윤석열 정권의 경제정책 책임자였고 대구 달성군이 지역구인 추경호를 원내대표로 뽑았다. 앞으로도 대통령이 재의 요구한 모든 법률안을 일사불란하게 부결 폐기할 것이다. 전당대회에서 '반윤석열' 지도부를 선출하지도 않을 것이다.

국힘당은 왕정으로 퇴화했다. 어느 정당이나 당내 민주주의가 무너질 위험은 있다. 민주당의 몇몇 국회의원들은 총선을 앞두고 '정당의 주인은 당원이 아니라 국민'이라고 주장했다. '당원 의사가 국민 의사에 우선할 수는 없다'든가 '당원 투표로 국회의원 되는 건 아니다'라는 견해도 내놓았다. 그들은 민주당을 귀족정으로 돌려놓으려고 했다.

정당은 무엇인가? 「표준국어대사전」에 따르면 '정치적인 주의나 주장이 같은 사람들이 정권을 잡고 정치적 이상을 실현하기 위하여 조직한 단체'다. 정당법 제2조는 '국민의 이익을 위하여 책임 있는 정치적 주장이나 정책을 추진하고 공직선거의 후보자를 추천 또는 지지함으로써 국민의 정치적 의사형성에 참여함을 목적으로 하는 국민의 자발적 조직'이라고 한다. 그렇다. 정당은 비슷한 정치적 이상을 지닌 시민들이 만든 임의 단체다. 그런데도 헌법 제8조는 임의단체에 불과한 정당을 다음과 같이 특별하게 보호하라고 한다.

①정당의 설립은 자유이며, 복수정당제는 보장된다. ②정당은 그 목적·조직과 활동이 민주적이어야 하며, 국민의 정치적 의사형성에 참여하는데 필요한 조직을 가져야 한다. ③정당은 법률이 정하는 바에 의하여 국가의 보호를 받으며, 국가는 법률이 정하는 바에 의하여 정당 운영에 필요한 자금을 보조할 수 있다.

'정당의 목적·조직·활동이 민주적이어야' 한다는 제8조 제2항 규정에 따라 정당법 제29조는 정당이 '당원의 총의를 반영하는 대의기관과 집행기관'을 설치하도록 했다. 헌법과 법률을 보면 정당의 주인은 당원이다. 다툴 여지가 없다. 정당의 대의기관과 집행기관은 국민이 아니라 당원의 총의를 반영한다. 국민의 총의를 반영해야 하는 조직은 정당이 아니라 국회와 대통령을 비롯한 헌법기관이다.

국민은 이념적 균질 집단이 아니다. 국민을 균질 집단으로 만들면 사회는 히틀러의 독일, 스탈린의 소련, 마오쩌둥의 중국, 김일성 일가의 북한처럼 된다. 국민은 복잡한 이질 집단이다. 사람마다 정치적 이상과 경제적 이해관계가 다르다. 어떤 정책도 모든 국민의 동의를 얻지는 못한다. 민주주의는 이 사실을 받아들인다. 그래서 헌법과 법률에 정당 설립의 자유와 복수정당제를 보장하도록 명시했다.

다시 말한다. 정당은 당원이 주인이다. 당원이 당의 대표와 공직선거 후보를 선출한다. 당원이 강령과 당헌당규를 결정한다. 헌법 제8조 2항 '정당의 민주적 운영'은 그렇게 하라고 하는 말이다. 정당은 당원들이 옳다고 여기는 정치적 주장과 정책을 추진하고 당원들이 지지하는 공직선거 후보를 추천하는 등의 방법으로 국민의 정치적 의사 형성에 결과적으로 기여할 뿐이다. 모든 정당이 저마다 당원의 의사를 제대로 대의하면 결과적으로 정치가 국민 전체의 뜻을 대의하게 된다. 이것이 정당정치의 기본 구조다.

윤석열 사단의 미래

윤석열은 왜 여당의 당내 민주주의를 허물고 왕정을 할

까? 불안해서, 버림받을까 겁이 나서다. 그는 국정농단 사건 수사 검사로서 박근혜를 구속 기소했고, 국회의 대통령 탄핵과 헌법재판소의 탄핵 인용 과정을 가까이에서 보았다. 박근혜 탄핵소추안은 민주당·국민의당·정의당 의원과 무소속 의원 171명이 발의했다. 탄핵 가결에 필요한 재적의원 2/3에 한참 모자랐다. 그런데 투표에서 234명이 찬성했다. 60명 넘는 여당 의원이 탄핵에 가담했다.

박근혜 탄핵을 설명하는 여러 가설 중에 '공천실패론'이 있다. 2016년 총선을 앞두고 박근혜와 측근들은 '진박 후보'를 감별하느라고 최선을 다했다. 선거 결과가 아주 나쁘지는 않았다. 제1당 지위는 내주었지만 122석으로 민주당보다 의석이 하나 적었을 뿐이다. 정당 득표율은 앞섰다. 여당 의원들이 대거 가담하지 않았으면 박근혜 탄핵은 없었을 것이다.

박근혜 탄핵에서 윤석열은 이런 교훈을 얻었다. '확실한 충성파를 공천하라. 의석을 손해 본다 해도 잠재적 배신자를 국회의원으로 만드는 것보다는 낫다.' 유승민이 당 대표가 되면 그런 작업을 할 수 없을 것 같았다. 나경원도 믿기 어려웠다. 그래서 인기도 능력도 없지만 말을 잘 듣는 김기현을 낙점했다. 그런데 김기현이 자꾸 자기 의견을 내세우자 김기현을 내치고 한동훈을 세웠다. 한동훈이 거역하는 기색을 보이자 용핵관을 시켜 퇴진을 요구했다가 눈을 깔고 폴더 인사를 하기에 봐주었다. 윤석열은 정당을 모른다. 당내 민주주의 따위는 관심도 없다. 권력을 마음껏 행사하고 퇴임 후 안전을 도모하는 것만 중요하다.

그래서 대통령실 수석과 비서관·행정관 수십 명을 총선에 내보냈다. 장차관도 여럿 출마시켰다. 그것만으로 부족해 자신이 수사하고 구속해 유죄선고를 받게 한 이명박 정부 공직자도 특별 사면해 공천을 주었다. 채해병 순직 사건 수사 축소은폐 외압 의혹 사건의 주요 피의자도 세 명이나 공천했다. 그들을 '윤석열 낙하산'이라 하자. 윤석열은 그들이 국회의원이 되어 국힘당을 이끌면서 권력 행사를 뒷받침하고 야당이 추진하는 특검법을 막아주기를 바랐다. 퇴임 후에도 그들을 통해 정치적 영향력을 행사하고 싶었다.

그런데 총선 결과는 만족스럽지 않았다. 상당수가 경선에서 탈락해 출마하지도 못했다. 공천은 받았지만 본선에서 떨어진 사람도 많았다. 영남과 비영남 강세지역에서 당선한 친윤파를 다 끌어모아야 교섭단체를 겨우 만들 수준이다. 이재명은 정치적 입지가 더 탄탄해졌다. 조국도 국회에 들어왔다. 여당에서도 나경원과 안철수 등 관계가 불편한 중진 정치인이 생존했다.

국회의 '윤석열 사단'이 대통령 호위무사를 할까? 이익이 생기면 진심으로 한다. 손해가 크면 시늉만 한다. 속칭 윤석열 사단은 이념으로 맺은 정치결사가 아니다. 개인적 인연과 이해관계로 얽힌 사익(私益) 카르텔이다. 정치적 위험을 각오하고 충성을 다할 국회의원은 거의 없다. 감탄고토(甘呑苦吐), 달면 삼키고 쓰면 뱉는 것이 정치업자와 사익 카르텔의 공통점인데, 윤석열 사단은 둘 다인 조직이다. 정치업자에 대해서는 제5장에서 이야기하겠다.

윤석열은 승산 없는 정치적 도박을 했다. 대구 서문시장 방문 행사는 정치적 모르핀 투여 같은 것이다. 의미가 없다. 영남 민심 또는 보수 민심은 누구든 쓰고 버린다. 그들에게 대통령은 도구에 지나지 않는다. 영남 민심은 노태우를 뽑고 노태우를 버렸다. 김영삼을 뽑고 김영삼을 버렸다. 이명박을 뽑고 이명박을 버렸다. 박근혜도 버릴 태세다. 국힘당은 영남 민심을 숭상하지만 전직 대통령의 사진을 당사에 걸지 않는다. 윤석열은 다를까? 그럴 리 없다. 영남 민심은 윤석열을 버린다. 국힘당도 윤석열을 버린다. '윤석열 낙하산'도 그를 버릴 것이다. 버려야 할 때가 오면.

이번 전당대회든 다음 전당대회든, 윤석열의 왕정은 끝날 것이다. 그러면 국힘당에는 귀족정이 들어선다. 한동훈파, 안철수파, 유승민파, 오세훈파 등이 각축하면서 불안정한 집단지도체제를 만든다. 계파 보스들이 이끄는 귀족정은 다음 지방선거까지 국힘당을 이끌고 비틀거리며 나아간다. 국힘당이 공화정을 되살리는 데는 긴 시간이 걸릴 것이다. 나는 안타까운 마음으로 대한민국 대표 보수정당의 역사적 퇴행 현상을 구경한다. 공화정이 살아나지 않으면 국힘당은 합리적이고 미래지향적인 보수정당으로 발전하지 못할 것이다.

무너진 박근혜의 유산

대통령 박근혜는 극단적으로 무능했지만 정치인 박근혜는 다른 면이 있었다. 열린우리당이 출현했던 2004년 박근혜는 한나라당을 이끌고 정당개혁 경쟁에 뛰어들었다. 두 정당은 오늘날 민주당의 권리당원제와 동일한 제도를 '기간당원제'와 '책임당원제'라는 이름으로 도입했다. 조국혁신당의 '권리당원제'도 그와 같다. 당비를 내고 당의 일상 활동에 참여하는 당원들이 당의 노선을 결정하고 당직자와 공직후보를 선출하게 하는 정당 민주주의 혁명이었다. 그 혁명을 통해 두 정당은 당의 총재나 계파 보스들이 만사를 결정하던 왕정과 귀족정을 벗어나 공화정으로 이행했다.

민주당의 공화정은 무너졌다가 부활했다. 2007년 대선을 앞두고 열린우리당이 대통합민주신당으로 당명을 바꾸면서 기간당원 제도를 폐지했다. 문재인 대표가 권리당원이라는 이름으로 당원 제도를 되살려낸 2016년까지 귀족정이 지배했다. 그러나 한나라당은 여러 차례 당명을 바꾸면서도 책임당원 제도를 기반으로 공화정을 유지한 채 국힘당까지 왔다. 국힘당의 공화정은 30대 원외 정치인 이준석을 당대표로 선출한 2021년 6월 11일 전당대회에서 절정에 이르렀다. 2020년 총선 참패 충격에서 벗어나려고 국힘당 당원들이 결심해서 이루어낸 혁명적 사건이었다. 이준석은 박근혜 비대위를 통해 정치에 발을 들였고 박근혜가 도입하고 발전시킨 공화정 덕분에 당 대표가 되었다.

윤석열이 박근혜의 그 유산을 파괴했다. 국힘당의 당원 제도는 형식만 남았다. 이준석을 지지했던 젊은 당원들은 국힘당을 떠났다. 국힘당 당원들은 당 대표 교체부터 낙하산 공천까지 윤석열이 벌인 모든 일을 받아들였다. 이것이 민주당과 다른 점이다. 민주당의 공화정은 당원이 쟁취했지만 국힘당의 공화정은 박근혜가 하사했다. 민주당 당원은 정치인들이 당원의 뜻을 무시하면 불같이 화를 낸다. 이재명 체포동의안에 찬성표를 던졌다고 의심받은 국회의원들을 후보 경선에서 탈락시켰다. 촛불과 손팻말을 들고 국회의원 사무실과 당사 앞에서 시위를 벌였다. 국힘당은 그렇지 않다. 대통령과 당 지도부가 허락하면 당원의 권리를 행사하고 허락하지 않으면 시키는 대로 한다.

공화정을 한다고 해서 정당이 꼭 성공하는 건 아니다. 정당의 성패는 국민이 결정한다. 아무리 당원이 많고 당 조직이

거대해도 국민의 지지를 받지 못하면 선거에서 이길 수 없다. 정당은 국민과 잘 소통해야 성공한다. 당원제도는 그런 면에서 중요하다. 정당의 구성원 중에서 국민과 가장 가까이 있는 것이 당원이다. 당원은 일상생활 공간에서 당원 아닌 시민과 직접 만난다. 당 밖의 여론 변화를 민감하게 느낀다. 국민 여론을 당에 들여온다. 당원의 의사를 신속 정확하게 파악하고 반영할수록 정당이 국민의 공감을 얻을 가능성이 높다.

국힘당은 세 번 연속 총선에 졌다. 2016년은 여당, 2020년은 야당, 2024년은 다시 여당으로서 졌다. 2020년과 2024년은 말 그대로 참패했다. 이번 국회의 지역구 의석 분포를 보라. 국힘당은 포위당했다. 광역 단위로 전체 의석 대비 국힘당 의석수를 보면 서울 11/48, 경기 6/60, 인천 2/14, 충북 3/8, 충남 3/11, 대전 0/7, 세종 0/2, 전북 0/10, 전남 0/10, 광주 0/8, 제주 0/3, 강원 6/8, 경북 13/13, 대구 12/12, 울산 4/6, 경남 13/16, 부산 17/18이다. 지역구 의석 90개 중 영남이 59개로 65퍼센트나 된다. 부산·울산·경남에서는 4년 전과 비슷하게 이겼고 수도권과 충청권에서는 4년 전과 비슷하게 졌다. 세종시를 포함한 17개 광역시도 가운데 무려 5곳에서 전멸했다. 이긴 곳은 영남과 강원도를 합쳐 6곳뿐이었다.

민주당은 11개 광역시도에서 이겼다. 대구와 경북에서 당선자를 내지 못했지만 후보들은 국고에서 선거비용을 전액

지원받기에 충분한 득표를 했다. 부산·울산·경남도 각각 최소한 한 명씩은 당선했다. 부산 후보들의 평균 득표율은 45퍼센트나 되었다. 경남과 울산 후보들도 평균 40퍼센트 수준의 득표를 했다. 부산·울산·경남 평균 득표율은 총선을 할 때마다 조금씩 올랐다. 충청·강원의 농촌 선거구에서 낙선한 후보들도 득표율이 크게 뒤진 건 아니었다. 예전에는 민주당이 호남당이라는 지적을 받았는데, 지금은 국힘당이 영남당이라는 소리를 듣는다.

민주당은 1990년의 3당 합당으로 포위당했던 김대중의 평화민주당을 계승한다. 노무현은 대통령이 되기 전 부산에서 번번이 35퍼센트 안팎의 득표를 하고 낙선했다. 최근 선거에서 부산의 민주당 후보는 누구나 그보다 많은 표를 얻었다. 대구·경북의 후보들도 민주당 대통령 후보들보다 많이 득표했다. 문재인 국정수행 지지율이 매우 높았던 2018년 지방선거 때 민주당은 부산·울산·경남에서 많은 단체장과 지방의원을 당선시킴으로써 공직 선거 후보 자원을 크게 늘렸다. 민주당 정치인들은 낙선을 각오하고 꾸준히 도전했다. 조금만 더 노력하면 이길 수 있다는 희망을 품고 뛰었다.

국힘당은 거꾸로 갔다. 수도권에서 선전한 것은 2016년 총선이 마지막이었다. 최근 총선은 두 번 모두 스무 석에 미치지 못했다. 호남에서는 한 발짝도 전진하지 못했다. 제주도는

20년 동안 국회의원 당선자를 내지 못했다. 충청권도 거의 다 빼앗겼다. 대구·경북은 확실하게 우세하지만 부산·울산·경남에서는 조마조마한 접전을 벌여야 했다. 예전에는 웬만하면 총선에서 이겼는데, 이제는 특별한 일 없으면 진다.

국힘당 지지자는 떳떳하게 자신의 정치성향을 말하지 않는다. 샤이(shy) 보수가 아니라 셰임(shame) 보수다. 이번 총선 여론조사와 출구조사에 불응하거나 거짓 답변을 했다. 민주당 지지자는 스스로 '1찍'이라고 자랑하지만 국힘당 지지자는 '2찍'이라 하면 화를 낸다. 영남을 제외한 전국 모든 지역에서 국힘당 지지자들은 정치성향 드러내기를 주저한다. 65세 넘은 고령층만 국힘당을 더 많이 지지한다. 이념, 지역, 세대 등 모든 면에서 국힘당은 고립되었다.

국힘당이 공화정을 회복하는 데는 긴 시간이 걸릴 것이다. 집권당의 무기력은 대통령에 대한 국민의 불신 못지않게 짙은 어둠을 윤석열의 앞날에 드리운다. 그는 스스로 문제를 만들어 놓고도 그 사실을 모른다. 박근혜가 그랬던 것처럼, 우연을 가장한 역사의 필연이 콧등을 후려친 다음에야 자신이 위험에 처했음을 알 것이다.

언론의 몰락

우리가 알던
저널리즘

뉴스를 결정하는 과정

총선에서 윤석열과 국힘당만 패한 것은 아니다. 언론도 졌다. 한국 정치와 저널리즘의 관계를 보면, 언론의 정치 보도와 총선 결과를 비교하면 그렇게 말할 수밖에 없다. 국힘당과 언론은 사실상 한몸이다. 용핵관들은 언론이 24시간 정부 욕만 한다고 불만을 표시했지만, 조·중·동 사람들은 스스로를 국힘당의 두뇌이자 총선 사령탑으로 여긴다. 「조선일보」와 「TV조선」은 후보를 공급했고, 국힘당은 그들을 양지 선거구에 공천해 국회에 들여놓았다.

정당은 언론을 활용한다. 자연스러운 일이다. 선거는 유권자의 호감을 얻는 쪽이 이기는 게임이다. 한 번 이기면 끝나는 것도 아니다. 주기적으로 같은 게임을 반복한다. 후보와 정당이 유권자의 호감을 사려면 정책과 비전과 공약과 이미지를 좋게 알려야 한다. 직접 하면 유권자가 믿어주지 않는다. 언론이 해주어야 효과가 있다. 그래서 정치 업계는 기자가 갑이고 정치인이 을이다. 평소에도 그렇고 선거철에는 더하다.

저널리즘(journalism) 또는 언론은 무엇인가? '뉴스를 결정하는 과정'이다. 정치에 한정해서 이야기하겠다. 정치에서는 매순간 누구도 다 파악할 수 없을 정도로 많은 일이 생긴다. 정치 주체들은 끊임없이 새로운 사실과 정보를 생산한다. 하지만 모두가 뉴스가 되지는 않는다. 어떤 사실과 정보가 어떤 과정을 거쳐 뉴스가 되는가? '엘리트 · 규범 · 수용자 구조'로 이야기하겠다. 나는 미국과 영국 연구자들이 쓴 『저널리즘 선언』(바비 젤리저, 파블로 J. 보즈코브스키, 크리스 W. 앤더슨 지음, 신우열 외 옮김, 오월의봄, 2023)에서 이 구조를 배웠다.

무엇이 뉴스인지 누가 결정하는가? 신문과 방송을 제작하는 '언론 엘리트'가 결정한다. 일상 언어로는 저널리스트 또는 언론인이다. 저널리스트는 신문사와 방송사 등 '언론기관'에서 활동한다. 정당 · 정치인 · 정부 · 관료 · 공공기관 관련 정보와 사실 중에서 대중에게 알릴 가치가 있다고 판단한 것을 뉴스로 만든다. 사실만 선택해 전달하는 데 그치지는 않는다. 자신의 관점으로 사실을 해석하고, 그렇게 해석한 사실을 엮어 이야기를 만든다. 언론인이 무시하면 어떤 사실도 뉴스가 될 수 없다. 뉴스가 되지 않으면 없는 거나 마찬가지다. 저널리스트가 선택한 사실만 사실이 된다.

언론 엘리트는 다른 분야의 엘리트와 교류한다. 대통령부터 장관·국회의원·정치비평가·경제전문가·기업인·과학자와 여론조사 전문가까지 필요하면 누구든 취재한다. 기자를 함부로 대하는 정치인은 없다. 존경해서가 아니라 무서워서다. 저널리스트는 취재한 사실 중에서 가치가 있는 것을 골라 뉴스를 만들 때 저널리즘 규범을 의식한다. 몇 가지는 널리 알려져 있어서 저널리스트 아닌 사람도 안다. '사실을 존중한다.' '정치권력과 광고주와 수용자의 간섭을 배제하고 독립적 주체적으로 판단한다.' '이해관계와 이념이 대립하는 문제를 보도할 때는 중립과 균형을 지킨다.' 조심하자. 그런 규범이 있다는 걸 안다는 말이다. 지킨다는 말은 아니다. 다른 나라는 몰라도 우리나라에는 이런 규범을 지키는 저널리스트가 거의 없다.

언론 엘리트는 자기네가 만든 뉴스를 '수용자'에게 쏘아보낸다. 수용자는 신문·잡지·라디오·텔레비전 등 매스 미디어를 통해 뉴스를 보고 듣는다. 일상 언어로는 독자 또는 시청자다. 수용자는 뉴스를 믿어도 되고 믿지 않아도 된다. 받아들여도 되고 배척해도 된다. 그건 자유다. 하지만 뉴스를 만드는 과정에 개입해서는 안 된다. 사실 개입하려 해도 개입할 방법이 없다. 언론 엘리트는 개입하는 수용자를 싫어한다. 상대하면 고달프기 때문에 수용자의 반응을 외면한다. 자신이 작성한 뉴스 댓글을 읽지 않는다.

기자는 정부와 정당의 정치 엘리트를 취재해 정보를 얻으며, 그 정보를 엮어 기사를 쓰고 리포트를 만든다. 유권자는 그런 보도를 믿거나 믿지 않을 수 있지만 뉴스 제작에 간섭하지는 못한다. 언론은 민주당의 총선 후보 공천을 '친명횡재 비명횡사'로, 국힘당 공천은 '조용한 공천'이라는 말로 보도했다. 이런 뉴스를 받아들이고 말고는 시민들 각자 선택하면 된다. 아무리 화가 나도 그런 보도를 하지 못하게 하거나 다르게 보도하게 만들 방법은 없다. 포탈 뉴스에 댓글을 쓰거나 SNS에 비판 글을 올리면서 기사 링크를 거는 정도가 할 수 있는 일의 전부인데, 그래봐야 소용이 없다. 언론 엘리트는 댓글을 무시한다.

이것이 '우리가 알던' 저널리즘의 구조다. '우리가 알던'이라고 따옴표를 한 것은 '우리가 상상하지 못했던' 저널리즘 또는 '새로운' 저널리즘이 나타났기 때문이다. 우리가 알던 저널리즘은 여전히 강력하다. 앞으로도 당분간은 힘을 다 잃지는 않을 것이다. 하지만 예전처럼 강하지는 않다. 힘이 빠지는 중이다. 세계적인 현상인데, 한국은 좀 특이하다. 한국 언론은 우리가 알던 저널리즘도 아니다. 언론이라고 하기보다는 정보 유통업이라고 하는 게 맞을 듯하다.

한국의 신문 방송은 대부분 사회의 공론장이 아니라 기득권 집단의 이념을 전파하고 그들의 이익을 수호하는 정보유통 회사가 되었다. 정치적인 면에서는 보수 세력의 선전기관으로 간주할 수 있다. 이것은 주장이 아니라 서술이다. 도덕적 평가를 한 것이 아니라 현실을 있는 그대로 묘사한 것이다. 그러니 언론기업과 언론인을 비난했다고 오해하지는 마시기 바란다. 그런 언론이 나쁘다고 말하지 않겠다. 현실이 그렇다고 말할 따름이다.

지난 대선에서 시민들은 윤석열과 이재명을 거의 같은 비율로 지지했다. 이번 총선에서는 민주당을 조금 더 지지했다. 하지만 두 번 모두 언론은 압도적으로 윤석열과 국힘당을 편들었다. 조선·중앙·동아·문화일보를 비롯한 소위 종합지 대부분이, 한국경제를 비롯해 거의 모든 경제신문이, 연합뉴스부터 뉴시스까지 모든 통신사가 그랬다. 족벌신문과 재벌신문의 자회사인 종편채널 네 개와 뉴스전문 채널 YTN, 건설사 자회사인 SBS도 다르지 않았다. 정치적으로 아무 색깔이 없었던 KBS는 박민 사장 취임 이후 공영방송에서 관영방송으로 변신했다. 민주당 성향 언론사는 극소수의 조그만 인터넷 신문뿐이다. MBC도 민주당 편은 아니다. 윤석열이 MBC를 적대하는 것은 자기편이 아니라고 생각하기 때문이다. 그는 확실한 자기편이 아니면 다 적으로 본다.

대한민국이 경제 기적을 이루었다고 한다. 어디 경제만 그런가. 정치도 기적이다. 그 기적은 끝나지 않았다. 언론을 보면 분명 그렇다. 대선에서 이재명이 윤석열과 대등한 접전을 벌인 것, 윤석열 국정수행 지지율이 바닥을 기는 것, 총선에서 야당이 압승한 것이 모두 기적이다. 민주당은 국힘당이 아니라 언론과 싸운다. 국힘당이 부탁하지 않아도, 장악하려고 애쓰지 않아도, 언론 스스로 알아서 국힘당을 보호하고 민주당을 공격한다. 언론은 다른 진보정당에는 관심이 없다. 기회가 있으면 띄워준다. 민주당을 공격하고 민주당 기반을 잠식하라고 그러는 것이다. 민주당한테는 절대 그렇게 하지 않는다. 우리가 알던 저널리즘과 언론 엘리트의 특권을 위협하는 유일한 정치세력이기 때문이다.

언론 엘리트는 신문사나 방송사에 고용되지 않고 활동하는 저널리스트를 저널리스트로 인정하지 않는다. 여러 해동안 우리 국민은 딴지일보 김어준 총수를 손석희 앵커 다음으로 '영향력 있는 언론인'으로 손꼽았다. 그러나 언론 엘리트는 김어준을 '유튜버'라고 한다. '음모론자'나 '무당'이라는 딱지도 붙인다. 저널리즘을 '뉴스를 결정하는 과정'으로 정의한다면, 김어준은 대한민국의 최강 저널리스트다. 여론조사 일등인 손석희는 저널리즘 일선에서 물러났다. 명성은 남았지만 영향력은 없다. 활동을 하지 않는데 무슨 영향력이 있겠는가. 매일 아침 송출하는 생방송 〈김어준의 겸손은 힘들다 뉴스공장〉은 실시간 시청자가 20만 명 넘는다. 어느 방송사의 어떤 프로그램도 상대가 되지 않는다.

나는 총선을 앞두고 매월 한 번씩 다섯 번 MBC 선거토론 방송에 출연했다. 패널 여론조사 데이터를 근거로 선거 판세를 분석하고 결과를 전망했다. 〈압도적 재미 매불쇼〉와 〈김어준의 겸손은 힘들다 뉴스공장〉에 몇 번 나갔고 노무현재단 유튜브에서 총선 특집 〈알릴레오 북's〉 방송을 여섯 번 했다. 텍스트 기반 인터넷 신문 〈세상을 바꾸는 시민언론 민들레〉에 격주 칼럼을 썼다. 비평도 뉴스의 일부라는 사실을 인정한다면 나도 저널리스트라고 할 수 있다. 그러나 국힘당 사람들과 보수언론 기자들은 나를 언론인이 아니라 선동가라고 한다. 퇴직한 지 16년이 넘었는데도 '전 장관', '전 국회의원'이라는 꼬리표를 붙인다. 저널리스트나 비평가라고 하지 않는다. 진영논리의 화신, 민주당의 괴벨스라고 조롱한다. '작가'가 가장 우호적인 호칭이다.

그들이 나를 선동가라고 하는 것은 국힘당과 민주당 사이에서 중립과 균형을 지키지 않기 때문이다. 나는 보수정당을 존중한다. 그러나 국힘당은 정상적인 보수정당이 아니라 민주주의를 위협하는 극우정당이고, 보수언론은 사회의 목탁이 아니라 세상의 흉기이며, 재벌언론과 족벌언론과 건설사언론은 사주와 광고주와 종사자의 이익을 도모하는 사익집단이라고 본다. 정치비평의 초점을 언론이 퍼뜨린 거짓 정보와 불합리한 관점을 지적하는 데 맞춘다. 그러니 언론 엘리트가 나를 저널리스트로 인정하겠는가.

언론 몰락의 증상

극소수 공영방송을 제외한 언론사는 모두 사기업(私企業)이다. 언론 사기업의 대주주 또는 오너(owner)는 대한민국 0.0001퍼센트 부자다. 대통령도 건드리지 못하는 특권층이다. 그들의 고객은 재벌 대기업 광고주다. 대주주와 광고주는 대체로 국힘당을 지지한다. 국힘당이 부자와 강자의 이익을 지키는 정당이라는 사실을 잘 안다. 언론사 사주는 자신과 생각이 비슷한 사람한테 경영과 편성을 맡긴다. 그래서 어떻다는 게 아니다. 사실이 그렇다는 말이다.

기자는 사회에 책임을 느끼는 지식인이 아니다. 민중을 위해 싸우는 투사도 아니다. 이 사실을 받아들이지 않는 사람이 많아서 기자는 사는 게 괴롭다. 월급을 받고 상사의 지시에 따라 일하는 회사원일 뿐인데 비리를 폭로하고 불의에 항거하며 인권과 정의를 위해 싸우라고 하니 난처하기 이를 데 없다.

기자가 자본과 정치권력의 간섭과 횡포에 맞서 언론 자유와 편집권 독립을 위해 싸우던 시대는 지나갔다. 다시는 돌아오지 않는다. 사실 그런 시대는 있지도 않았다. 그런 것처럼 보인 때가 잠깐 있었을 뿐이다.

공영방송과 극소수 독립언론 말고는 어느 언론사도 저널리즘 규범을 지키지 않는다. 규범이 현실에 맞지 않아서가 아니라 이윤을 추구하는 데 방해가 되기 때문이다. 예전에는 지키는 시늉이라도 했는데 이젠 그마저 그만두었다. 다시 말하지만, 그래서 어떻다는 게 아니다. 사실이 그렇다는 말이다. 나는 이것을 변경할 수 없는 현실로 받아들인다.

한국 언론의 몰락 증상은 주체·규범·수용자 등 모든 영역에서 나타난다. 첫째, 언론인은 엘리트가 아니다. 스스로는 여전히 엘리트라 자부하지만 대중은 기자를 경멸한다. 평균적인 시민보다 똑똑하거나 전문적이라고 인정하지 않는다. 대기자니 논설위원이니 하는 타이틀을 우습게 여긴다. 돈을 주고 종이신문을 구독하지 않는다. 인쇄하기 무섭게 폐지업체에 팔려나가는 자칭 '대한민국 일등신문지'를 동남아 관광지의 노점상이 과일 포장지로 쓰는 영상을 보면서, '새 신문지'를 헐값에 판매한다는 온라인 유통업체의 광고를 보면서 혀를 찬다. 발행부수를 속여 정부와 광고주한테서 부당하게 돈을 뜯었다는 사실이 만천하에 밝혀져도 사주들은 부끄러워하는 기색이 없다. 그런 사람들을 엘리트라고 할 수는 없다.

한국 언론은 저널리즘 규범을 무시한다. 무엇보다 사실을 존중하지 않는다. 정치권력과 유착해 이권을 따고 광고주를 위해서 기사를 쓴다. 대주주의 대리인이 보도의 방향과 내용을 결정한다. 기자의 독립성이나 편집의 자율성 같은 것은 안중에 없다. 이념적 균형은 고사하고 최소한의 기계적 중립도 지키지 않는다. 윤석열과 국힘당에 불리한 사실은 아예 보도하지 않거나 최소한으로 보도한다. 유튜브를 기반으로 활동하는 탐사보도 전문 기자가 윤석열 정부와 정치검사의 비리를 보도하면 그 비리를 심층 취재하는 게 아니라 보도한 기자의 신상을 털고 보도 내용을 공격해 신뢰성을 훼손하는 데 집중한다.

한국의 언론 엘리트는 정치권력과 광고주와 대주주와 기득권층의 이익을 기준으로 삼아 뉴스 가치를 판단한다. 그래서 김건희와 최은순이 도이치모터스 주가조작으로 거액의 이득을 얻었다는 사실이 법정에서 드러나도 보도하지 않았다. 대통령이 제시간에 출근하는 날이 많지 않다는 사실에도 뉴스 가치를 부여하지 않는다. 대통령과 법무부장관이 국내 최대 법무법인 변호사들과 강남의 술집에서 유흥을 즐겼다는 의혹이 나와도 부재증명을 요구하지 않는다. 한동훈 자녀의 대필논문 학술지 게재를 비롯한 스펙 부풀리기 의혹에 대해서는 취재도 하지 않았다. 검찰이 조국과 이재명 관련 의혹을 흘리면 사실관계도 근거도 확인하지 않고 '카더라 뉴스'를 대량 유포했던 때와는 딴판이다. 하늘과 땅 차이라는 말도 부족하다. 기자들이 나빠서 그런 게 아니다. 회사에서 하지 말라고 하니까 하지 않는 것이다.

윤석열과 한동훈은 자신들이 직접 수사하고 기소해 유죄판결을 받게 했던 이명박 정부의 비리 공무원을 여럿 특별사면했고 일부는 총선 후보로 공천했다. 채해병 순직 사건 은폐축소 의혹의 피의자도 공천했다. 하지만 그 사실을 보도하고 비판한 언론은 거의 없었다. 반면 민주당 후보에 대해서는 십 년 전, 이십 년 전에 했던 말과 글을 거두절미해 대서특필하면서 혹독한 비난을 퍼부었다. 변호사로서 성범죄 피고인을 변론한 적 있는 후보를, 있지도 않은 사실을 날조해, '2차 가해자'로 몰았다.

모든 언론이 그랬던 것은 아니다. KBS와 MBC는 전통적으로 저널리즘 규범을 대체로 존중하면서 활동했다. 임직원의 이념 성향이 다양하기 때문에 어느 한쪽으로 쏠리지 않았다. KBS는 '충성을 다하는 박민의 방송'이 되었지만 사주가 있는 언론기업과 달라서 정권이 바뀌면 제자리를 찾을 것이다.

「한겨레」, 「경향신문」, 「오마이뉴스」, 「프레시안」 같은 '독립언론'은 국힘당 편도 민주당 편도 아니다. 하지만 시민언론 또한 아니다. 굳이 말하자면 '기자들의 언론'이다. 그들은 정치권력과 광고주에 굴복하지 않는다고 말한다. 실제로는 어떤지 모르겠으나 말이라도 그렇게 한다. 다 지키지는 못해도 말한 대로 하려고 노력은 한다. 독자에게도 종속되지 않으려 한다. 오로지 기자들 스스로 옳다고 믿는 바에 따라 보도한다. 진정한 저널리즘은 권력과 자본뿐만 아니라 독자한테도 굴종해서는 안 된다고 믿는다. 엘리트가 저널리즘 규범을 지키면서 만든 뉴스를 수용자에게 쏘아 보내는, '우리가 알던' 바로 그 저널리즘의 모습이다.

이런 언론사가 오래 살아남을 수 있을까? 이런 언론만 있으면 세상은 멀쩡할 수 있는가? 아니다. 오래 살아남을 수도 없고 충분하지도 않으며 세상이 멀쩡해질 가능성도 없다. 왜 그런지 「한겨레」를 가지고 이야기하겠다. 「한겨레」는 시민의 신문으로 태어나 기자들의 신문이 되었다. 「한겨레」 기자들은 저널리즘의 규범을 「한겨레」 지면에서 온전히 실현하려고 분투했다. 언론 전체가 보수정당과 대자본과 기득권 집단 쪽에 가담해 모든 저널리즘 규범을 파괴한 상황에서 혼자서라도 중립과 균형을 지키려고 노력했다. 민주당 기관지라는 말을 싫어한다. 그래서 국힘당과 민주당 사이에서 최대한 중립과 균형을 지키려 했다. 조국사태 때도 그랬다. 검찰이든 조국이든 잘못이 있으면 가리지 않고 비판했다. 윤석열이 검찰을 동원해 이재명을 제거하려고 할 때도 윤석열과 이재명 사이에서 중립과 균형을 지키려고 했다.

「한겨레」는 그렇게 하라고 만든 신문이 아니다. 창간 자금을 댄 주주들, 배달의 불편을 참아가며 구독했던 독자들은 혼자 균형을 지키는 신문이 아니라 세상의 균형을 실현하는 신문을 원했다. 그러나 「한겨레」의 언론 엘리트들은 세상의 불균형을 바로잡는 일보다 스스로 균형을 지킴으로써 자기만족을 얻는 데 집착했다. 권력과 자본에 굴복하지 않는 것과 동일한 태도로 주주와 독자의 요구를 외면했다. 독자가 떠나자 사회적 영향력은 줄었다. 기업으로 생존하기 어려워졌다. 넉넉한 보상을 주지 못해서 유능한 인재가 들어오지 않았다. 뉴스의 품질은 갈수록 하락했다. 더 많은 독자가 구독을 끊었다.

"나는 그렇게 하는 게 좋아서 그랬다." 어떤 「한겨레」 기자가 말한다면 인정하겠다. '아, 그러셨군요.' 하지만 그게 옳다고 생각해서 그랬다고 한다면 받아들이지 못하겠다. 「한겨레」 혼자 균형을 지킨다고 해서, 오래된 저널리즘 규범을 「한겨레」 지면에서 실현한다고 해서 세상이 균형을 찾는 것은 아니기 때문이다. 그런 방식으로 세상의 균형을 이룰 수 있다고 믿는다면 과대망상이다. 나는 언론 엘리트의 자기만족에 보탬이 되는 신문이 아니라 세상의 균형을 위해서 편향되었다는 비난을 기꺼이 감수하는 신문을 보고 싶다.

「한겨레」를 비롯한 '기자들의 언론'은 스스로 균형을 잡는 데 치중한다. 편향되었다는 비난을 감수하면서 세상의 균형을 이루는 일에 힘쓰지 않는다. 그런데도 민주당이 총선에서 압승했다. 대통령과 함께 패배한 언론에는 포함되지 않았지만 승자 또한 아니었다. 민주당의 총선 압승에 기여한 것은 〈김어준의 겸손은 힘들다 뉴스공장〉을 비롯한 '새로운 저널리즘'이었다. 그들은 우리가 아는 저널리즘 규범의 일부를 무시했다. 편향되었다는 비난을 감수하면서 세상의 균형을 이루기 위해 싸웠다. 대중과 소통하고 교감하면서 뉴스를 만들었다. 대중은 그들이 만든 뉴스의 가치를 승인했다. 그래서 새로운 저널리즘이라고 하는 것이다.

2월 여론조사의
수수께끼

무능한 언론 엘리트

낡은 언론, 올드 미디어, 레거시 미디어, 우리가 알던 저널리즘은 왜 졌나? 무엇보다도 엘리트답지 않았다. 사실을 존중하라는 저널리즘 규범을 짓밟았다. 수용자를 무시했다. 그래서 졌다. 앞에서 2024년 2월 여론조사의 이상 기류를 수수께끼라고 했다. 언론이 그 현상을 어떻게 해석하고 보도에 활용했는지 살펴보면 언론이 패배한 이유를 알 수 있다.

언론은 정치인과 비평가의 입을 빌려 대통령 국정수행 지지율과 국힘당 지지율의 동반 상승 원인에 대해 여러 설명을 내놓았다. 첫 번째가 '한동훈 현상' 가설이었다. 논리적으로 앞뒤가 바뀐 설명이었다. 어느 언론도 '한동훈 현상'의 실체를 근거를 들어 규명하지 않았다. 그것과 여당 지지율 상승의 인과관계를 논증하지도 않았다. 여론조사 지지율 상승을 근거로 '한동훈 현상'이 있다고 주장했을 뿐이다. 한동훈은 12월에 비대위원장에 취임했는데 그 현상은 왜 2월 들어 나타났느냐는 질문은 듣지 못한 척했다.

둘째는 '의대 정원 확대 조치' 가설이었다. 대통령이 전격적으로 의대 정원 확대를 선언하고 전공의들의 반대 파업에 강력하게 대처함으로써 확고한 리더십을 보여준 것이 지지율 상승 이유라는 것이었다. 근거는 여론조사에서 국정수행을 긍정 평가한 이유로 그 일을 거론한 응답자가 좀 있다는 사실이었다. 하지만 그것은 대통령 국정수행을 부정 평가하던 사람이 긍정 평가로 바뀌었다는 것을 보여주는 데이터가 아니었다. 무엇을 잘했다고 생각하느냐는 질문에 모르겠다고 대답하던 응답자 중 일부가 의대 정원 확대를 사유로 든 데 지나지 않았다. 데이터를 꼼꼼하게 살펴보면 명확하게 알 수 있는 사실이었다.

셋째는 '민주당 공천 파동' 가설이었다. 현역의원 평가 점수가 낮아 경선에서 감점을 당한 민주당 국회의원이 여럿 탈당하면서 하나같이 이재명을 비난했다. 이낙연은 그들 일부와 손잡고 신당을 만들었다. 지역구 후보 경선에서 이른바 '비명' 성향 현역 국회의원들이 줄줄이 탈락했다. 언론은 '비명횡사 친명횡재'라는 말로 이재명과 민주당을 공격했다. 그런데 2월 여론조사의 핵심은 민주당 지지율 하락이 아니라 대통령 국정수행 지지율과 국힘당 지지율 상승이었다. 그 현상을 민주당 공천파동으로는 설명할 수 없었다. 중도층의 정당 지지율과 국정수행 지지율 역시 변화가 없었다. 전체 응답자 중 보수 성향 응답자 비율이 급격히 상승한 것이 국정수행 지지율과 여당 지지율 상승의 원인이었다. 그런 현상이 왜 일어났는지 알아야 그것이 실제 총선 민심 변화인지 판단할 수 있었다. 하지만 언론 엘리트는 아무 관심이 없었다. 사실의 근거와 논리의 정합성 따위는 그들에게 가치가 없었다. 이재명이 민주당을 사당화해 방탄 국회를 만든다고 비난하는 데 쓸 여론조사 데이터만 있으면 충분했다.

여론조사는 민심을 보여주지만 반드시 틀린다. 선거 여론조사는 더 그렇다. 여러 이유가 있다. 첫째, 여론은 시시각각 변한다. 사람은 자주 마음을 바꾼다. 선거일까지 남은 시간이 길수록 여론조사가 틀릴 가능성은 높다. 둘째, 선거여론조사는 모집단(母集團)이 확실하지 않다. 여론조사는 유권자 전체를 모집단으로 삼아 표본을 추출하지만 선거 승패는 투표한 유권자들이 결정한다. 누가 투표할지 미리 알 수 없기 때문에 표본 추출을 아무리 잘해도 문제를 깨끗이 해결하지는 못한다. 셋째, 누가 투표할지 미리 안다고 해도 완벽한 표본을 얻을 수는 없다. 기껏해야 표본의 연령·성별·지역별 구성을 모집단에 맞출 수 있을 뿐이다. 직업·학력·소득수준 등 정치적 의사 결정에 영향을 줄 가능성이 있는 수많은 변수를 어쩔 수 없이 무시한다. 그래서 선거여론조사는 반드시 틀린다.

그런데도 왜 하나? 틀리지만 유용해서 한다. 선거여론조사는 '확률 게임'이다. 적게 틀리면 이기는 게임이다. 언론이 보도하는 국회의원 선거구 여론조사 표본 수는 보통 500개이고, '95퍼센트 신뢰 수준, 표본오차 ±4.4퍼센트'라는 단서가 붙는다. 대략 이런 뜻이다. "후보들의 지지율 격차가 8.8퍼센트 넘는 경우에도 뒤진 후보가 당선할 가능성이 조금은 있다. 격차가 8.8퍼센트를 넘지 않는 경우에는 누가 이길지 판단할 수 없다." 표본 수를 늘리면 표본오차를 줄일 수 있지만 가성비가 나쁘다. 표본을 1천 개로 늘려도 표본오차는 약 1퍼센트 포인트밖에 줄지 않는다. 여기서 또 1퍼센트 포인트를 줄이려면 표본을 3천 개로 늘려야 한다.

선거여론조사로 후보의 득표율을 정확하게 맞힐 수는 없다. 경합지역에서는 승패를 맞추기도 쉽지 않다. 아무리 잘 설계하고 진행해도 틀리기 마련이다. 그러니 틀렸다고 무조건 비난하지는 말자. 잘못 설계하고 잘못 진행한 증거가 있을 때만 비판하자. 여론조사의 이론과 실제를 더 알고 싶은 분은 『낱낱이 파헤치는 여론조사의 모든 것』(마크 팩 지음, 김문주 옮김,

이사빛, 2024)을 참고하시기 바란다.

국힘당이 만든 통계적 소음

국힘당 지지율이 이유 없이 상승해 민주당 지지율을 앞질렀던 2월 중순부터 3월 중순까지, 평론가들은 대부분 국힘당의 승리를 예측했다. 언론은 그런 평론가들의 주장을 앞다퉈 보도했다. 「한겨레」도 예외가 아니었다. 그 신문의 정치 보도를 주도하는 기자는 국힘당의 총선 승리를 기정사실로 단정하는 칼럼을 썼다. 근거는 민주당 당직 경력을 가진 평론가의 예측과 한국갤럽 여론조사 결과였다. 예측이 빗나갔다고 비난하려는 게 아니다. 언론인이나 비평가들이 엘리트라는 말에 걸맞을 만큼 실력이 있는 것도 아니었고 성실하지도 않았다는 점을 지적하려는 것이다.

모든 언론이 2월 여론조사가 총선 민심을 있는 그대로 보여준다고 전제했다. 의심하는 사람을 진영논리에 갇혀 사실을 부정하는 명청이로 보았다. 진짜 엘리트라면 비평 대상을 면밀하게 조사 연구한다. 데이터가 상충하면 양쪽을 모두 살피고 해석이 충돌하면 모든 해석을 경청한다. 자기 머리로 생각하고 실증적 논리적 근거를 점검한다. 그러나 대다수 언론인과 비평가들은 여론조사 데이터를 두루 살피지 않았고 깊이 들여다보지도 않았다. 논리적 경험적 추론과 데이터가 충돌하는데도 데이터를 의심하지 않았다.

여론조사 데이터는 2023년 10월 강서구청장 보궐선거에서 국힘당 후보가 그 정도로 참패하리라고 예측하지 않았다. 보궐선거 직전 NBS 전국지표조사의 서울 지역 정당 지지율은 국힘당이 민주당을 크게 앞섰고 〈한국갤럽〉 조사에서는 오차 범위에 있었다. 〈리얼미터〉의 ARS 여론조사에서는 민주당 후보가 우세했지만 큰 격차는 아니었다. 보수, 진보를 불문하고 모든 언론이 비웃었던 〈여론조사 꽃〉의 조사에서만 민주당 후보가 넉넉하게 앞섰다. 이준석은 17퍼센트 포인트 차이로 국힘당 후보가 질 것이라고 '예언'했다. 그것은 2020년 총선 강서구 세 선거구의 평균 득표율 격차였다. 이준석이 옳았다. 경험적 논리적 추론으로 여론조사를 이겼다.

〈여론조사 꽃〉은 민주당이 앞서는 총선 여론조사 결과를 꾸준히 생산했다. 강서구청장 보궐선거에 이어 총선에서도 제일 조금 틀렸다. 그러나 총선 기간 언론은 〈여론조사 꽃〉의 데이터를 철저히 무시했다. 과거 선거에서 번번이 틀린 여론조사 결과를 내놓았던 극우 인터넷 신문과 실체가 지극히 의심스러운 회사의 조사 결과는 받아쓰면서 〈여론조사 꽃〉의 데이터는 일절 인용하지 않았다. 일종의 '묵시적 공동행동'이었다. 언론 엘리트에게 김어준은 '공공의 적'이었다.

〈여론조사 꽃〉의 조사결과 말고도 2월 일반여론조사의

흐름과 충돌하는 데이터가 있었다. MBC 패널 여론조사였다. 이 조사는 일반여론조사와 달리 2월 내내 아무 데이터 변화가 없었다. 대통령 국정수행 지지율부터 정당 지지율과 총선 성격 평가 비율까지 모든 데이터가 민주당의 승리를 예고했다. 나는 MBC 패널 여론조사 데이터와 〈여론조사 꽃〉의 경합지역 선거구 여론조사 데이터를 보고 2월 일반여론조사의 이상 기류를 외부의 '통계적 소음' 때문에 생긴 현상으로 추정했다.

국힘당은 예비후보 적합도 평가 여론조사를 2월에 했다. 이어진 후보 경선에서도 여론조사를 민주당보다 많이 활용했다. 후보들이 여론조사 전화를 받으라고 당원과 지지자를 독려했기 때문에 일반여론조사 데이터에서 이상 기류가 나타날 가능성이 있었다. 〈여론조사 꽃〉의 선거구 여론조사에서 국힘당 지지율이 비정상적으로 높게 나온 곳이 여럿 있었다. 조사 시점을 확인하니 그 선거구의 국힘당 후보 경선 시기와 겹쳤다. 외부에서 발생한 '통계적 소음'이 일반여론조사를 오염시킨다는 증거였다. MBC 패널 여론조사는 조사 대상자가 정해져 있기 때문에 통계적 소음이 들어오지 않아서 데이터 흐름 변화가 없다고 해석했다. 후보 경선이 끝나면 여론조사 데이터가 제자리를 찾으리라고 예측했다. 3월 4주 일반여론조사 데이터는 1월 이전과 비슷한 수준으로 돌아왔다.

자기 충족적 예언

여론조사 회사들이 2월 여론조사를 고의로 왜곡했다고 볼 근거는 없다. 잘못은 언론인과 비평가들이 했다. 그들은 국힘당 후보 경선이 빚어낸 '통계적 소음'이 여론조사를 오염시켰을 가능성을 아예 무시했다. 선거를 한두 번 비평한 것도 아니고 여론조사를 하루 이틀 본 것도 아닌데 왜 그랬을까? 소망 때문이었을 것이다. 국힘당이 승리하기를, 민주당과 이재명이 망하기를 바라는 마음에서 불리한 데이터를 외면했다는 말이다. 누구나 이런 오류를 범할 수 있다. 나도 이준석을 좋아하지 않아서 선거운동 막바지에 나타난 경기도 화성시 '을' 선거구 여론조사 데이터의 변화를 무시했다. 오류를 인정하고 원인을 분석하며 스스로를 비판한다. 그들은 절대 하지 않는 일이다.

언론은 2월 여론조사의 추세를 근거로 삼아 민주당의 패배를 기정사실로 못박으려 했다. '친명횡재 비명횡사' 공천을 원인으로 지목해 이재명을 공격하고 민주당의 분열을 부추겼다. 중립 성향 비평가와 언론인들까지 가세해 민주당 위기론을 퍼뜨리고 이재명 사퇴 또는 2선 후퇴를 거론했다. 윤석열의 무능과 횡포를 심판하고 싶었던 시민들은 인간에 대한 불신과 환멸을 느꼈다. 이런 대통령과 여당을 지지하는 사람이 이리도 많다니, 차라리 정치에 관심을 끊는 게 낫지 않을까 고

민했다. 투표를 하면 뭐하나 낙담했다.

　언론은 이재명 대표 체제를 무너뜨려 민주당을 오합지졸로 만들려고 했다. 검찰이 수사권으로 하던 일을 펜으로 한 것이다. 여론조사 지지율이 뒤지는 상황에서 이재명이 사퇴하고 민주당이 혼란에 빠졌다면 진보 성향 유권자 일부가 투표를 포기할 가능성이 있었다. 실제 상황이 그렇게 흘러서 국힘당이 이겼다면 2월 일반여론조사는 '자기 충족적 예언'이 되었을 것이다. 그러면 언론은 이렇게 외쳤으리라. "보았는가. 여론조사가 적중했다. 진영논리에 빠져 과학적 여론조사까지 불신한 민주당이 민심의 철퇴를 맞았다!" 그리고 나 같은 사람을 민주당 패배의 원인 제공자로 몰았을 것이다. 민주당에 대해 '우호적 중립'을 지키는 언론 엘리트들이 민주당의 패배를 전망한 것이 혹시 그런 두려움 때문은 아니었을까. 나는 그렇게 의심한다.

　4년 전 총선도 그랬다. 언론은 '샤이 보수'가 국힘당을 구할 것이라고 했다. 총선이 임박한 시점에도 비평가들은 국힘당의 선전을 예측했다. 한동수 전 대검 감찰부장이 『검찰의 심장부에서』(오마이북, 2024)에서 증언한 바에 따르면 당시 대검찰청의 정치검사들은 국힘당의 승리를 확신하는 분위기였다. 하지만 '샤이 보수'는 많지 않았다. 국힘당 지지율은 2020년 2월 초순 2퍼센트 격차까지 민주당을 추격했지만 역전하지는 못했다.

2022년 대선도 마찬가지였다. 1월 12일 이후 여론조사에서 이재명은 하루도 윤석열을 앞서지 못했다. 선거를 5주 앞둔 2월 1주에는 윤석열이 5퍼센트 포인트 넘게 앞섰고 3월 2일 마지막 여론조사에서는 안철수와 심상정이 각각 7.2퍼센트와 2.6퍼센트를 얻은 가운데 윤석열이 이재명을 2.4퍼센트 포인트 앞섰다. 격차는 크지 않았지만 여론조사가 워낙 많아서 모두 합치면 샘플 규모가 매우 컸다. 오차범위가 극히 작았다는 말이다. 여론조사만 보면 승패는 이미 정해진 것 같았다. 게다가 여론조사 공표 금지 기간에 들어가자 안철수가 곧바로 윤석열을 지지하며 사퇴했다. 두 사람은 공동정권을 세운다고 했다. 여론조사 데이터가 없어서 확인할 수는 없지만 안철수 표가 이재명한테 더 가지는 않았을 것이다. 그런데도 윤석열은 겨우 이겼다. 마지막 여론조사를 했던 3월 2일 현재, 이재명은 여론조사와 달리 실제로는 앞서고 있었던 것이다. 만약 윤석열이 이긴다는 여론조사를 보고 실망해서 투표를 포기한 유권자가 많았다면 여론조사가 대선 승패를 바꾸었을 수도 있다.

선거여론조사는 '결정되지 않은 미래'를 보여준다. '투표하는 날 하루만 주권자'라고 비웃지 말라. 투표권 말고는 국민이 정부의 폭정을 멈추게 할 수단이 없다. 윤석열의 무능을 심판할 길이 없다. 투표권은 인류 문명의 역사 수천 년 동안 필설로 다 할 수 없을 만큼 희생을 치른 끝에 가까스로 얻은 민중의 무기다. 종이로 만든 탄환이다. 여론조사에 휘둘려 투표를 포기하면 안 된다.

요약하면, 한국의 언론 엘리트는 총선 여론조사 데이터를 해석할 능력이 없었다. 성실하지도 않았다. 능력이 충분한데도 쓰지 않았는지 모른다. 어쨌든 그들은 우리가 알던 저널리즘 규범을 짓밟았고 수용자를 무시했다. 시민들은 낡은 언론을 거부하고 새로운 저널리즘을 받아들였다.

새로운
저널리즘

언론 보도와 마이크 파워

우리가 알던 저널리즘의 패배는 언론이 소신파로 추켜
세웠던 민주당 비주류 정치인들의 처지에서도 확인할 수 있
다. 민주당 당원과 유권자들은 그들을 남김없이 국회에서 내
쫓았다. 민주당이 후보 공천을 취소한 세종시 '갑' 선거구에서
국힘당 후보를 이긴 김종민 의원이 유일한 예외다. 민주당 비
주류의 퇴출이 정의로운 일인지 여부는 시각에 따라 달리 볼
수 있다. 그러나 대중이 언론을 신뢰하지 않는다는 것은 분명
해졌다. 언론이 띄우는 정치인이라고 해서 대중이 무작정 받
아들이지는 않는다는 사실을, 언론이 띄우기 때문에 대중이
배척하기도 한다는 사실을 확인했다.

언론은 이재명을 비판하고 민주당 내부를 공격한 민주당 정치인에게 몇 년 동안 스포트라이트를 비추었다. 그들의 이름을 굳이 열거하지는 않겠다. 편의상 '조금박해'라고 하자. 네 사람뿐이었던 것은 아니지만 상관없다. 몇 사람이 되었든 동기와 목적과 행동방식은 차이가 없었다. 그들은 이슈가 생길 때마다 신문 방송에 나와 당론과 다른 주장을 하고 이재명을 비판했다. 그 사실이 중요하다.

그들은 어떻게 되었는가? 후보 경선에서 탈락했거나 다른 정당으로 이적해 출마했다가 낙선했다. 자신의 선거구에서 두 번 경선 탈락하기도 했고 조용히 정치를 그만두기도 했다. 언론의 특별대우는 그들에게 해로웠다. 민주당 지도부 또는 중앙당의 위원회에서 활동하면서 이름을 알린 청년정치인 중에도 그런 유형이 여럿 있었다. 누구도 후보 경선을 통과하지 못했다. 신당으로 이적해 비례 1번이 되었지만 국회 입성에 실패한 경우도 있었다.

개인적 인연이나 친분이 없어서 비주류의 길을 선택한 이유를 직접 듣지는 못했다. 언론 인터뷰를 보아도 동기와 목적을 알기 어려웠다. 그런데 어떤 청년정치인의 말을 듣고 이해했다. 그들은 언론이 많이 보도하면 '마이크 파워'가 커진다고 믿었다. 그 보도를 당원과 지지자들이 어떻게 평가하는지는 관심이 없었다. 자신을 특별히 칭찬하는 언론이 윤석열 정부와 강력하게 싸우는 정치인을 특별히 비난한다는 사실을 모른 체했다. 언론은 이재명과 '친명'을 비판하는 민주당 정치인에게 인터뷰를 요청하고 방송 출연을 제안했다. 그들은 그것을 기꺼이 이용했다.

언론과 정치의 관계를 '전통적인 시각'으로 보면 이렇게 생각할 수 있다. "언론이 뉴스를 결정한다. 정치인은 언론의 조명을 받으면 유명해지고 영향력이 커진다. 부고만 아니라면 욕을 먹더라도 언론에 많이 나오는 게 좋다. 언론이 나를 집중 조명하는 것은 내 주장에 많은 사람이 호응하기 때문이다." 일리가 있지만 전적으로 옳은 건 아니다.

예전에는 저널리즘을 신문사와 방송사와 통신사가 독점했다. 표현의 자유는 만인의 것이니 논리적 법률적으로는 그래야 할 이유가 없었다. 문제는 기술적 제약이었다. 신문을 인쇄하고 배포하는 데 큰 비용이 들었다. 스튜디오와 전파 송출 설비가 없으면 방송을 제작 송출할 수 없었다. 자본 없이는 언론기관을 만드는 게 불가능했다. 국가와 부자만 언론기관을 만들 수 있었다. 그런 언론에 대항하려고 「한겨레」를 창간했는데, 「한겨레」가 제 몫을 한 기간은 길지 않았다. 정치인은 언론에 의존했다. 언론인에게 잘 보이려 했다. 언론에 굴복하고 굴종했다. 그것을 거부하고 대결한 정치인은 노무현이 처음이었다. 결국 언론이 검찰과 손잡고 그를 죽였다.

저널리즘의 해방

상황이 달라졌다. 과학자와 엔지니어와 창의적 기업가들 덕분이다. 인터넷과 이동통신 기술, SNS와 영상 플랫폼이 언론기업의 저널리즘 독점을 해체했다. 이젠 누구나 저널리즘 활동을 할 수 있다. 언론기관에 몸담지 않아도 뉴스를 만들 수 있다. 대중이 받아들이기만 하면 사회적 영향력을 행사할 수 있다. 민주당을 지지하는 시민들은 언론을 국힘당의 정치적 선전기관으로 여긴다. 언론의 정치 보도가 아니라 유튜브와 SNS를 통해 정치인과 정당의 주장을 직접 보고 들으면서 정치적 판단을 형성한다. 자신의 관점에서 언론의 선거 보도를 비판하고 비평한다. 그런데도 언론은 여전히 그들을 '수용자'로 취급한다. 자신들의 저널리즘으로 여론을 주무를 수 있다고 착각한다.

시민들은 언론이 저널리즘 규범을 지키지 않는다는 사실을 안다. 언론이 어떤 기준을 적용해 뉴스 가치가 있는 사실을 선택하는지, 어떤 목적을 위해 그 사실을 해석하고 활용하는지도 알고 있다. 내가 이렇게 말했다고 하자. "문재인은 가톨릭 사제가 미사를 집전하는 것과 비슷한 태도로, 한 톨의 사심도 없이, 오로지 나라의 미래와 국민의 복리를 중심에 두고, 매우 훌륭하게 국정을 운영했다. 이재명은 남다른 노력으로 불운을 딛고 세속의 성공을 거두었으며, 대한민국을 복지사회로 만들겠다는 이상을 가슴에 안고 날마다 더 배우고 생각하며 발전해 가는 정치인이다." 언론은 내 말에 뉴스 가치를 부여하지 않는다. 기껏해야 아부꾼이라고 조롱할 목적으로나 인용한다.

그러나 내가 문재인과 이재명을 비난한다면 이야기가 달라진다. 사실이 아닌 주장을 해도 된다. 논리의 앞뒤가 맞지 않아도 상관없다. 유시민이 문재인과 이재명을 욕했다는 사실이 중요하다. 언론은 내 말에 엄청난 뉴스 가치를 부여해 기사를 수백수천 개 쏟아내고 앞을 다투어 인터뷰와 방송 출연을 요청할 것이다. 미그기를 몰고 귀순한 북한 조종사 대접을 할 것이다. 왜? 민주당에 해가 되니까.

익숙한 장면 아닌가? 한때 진보 진영에 있었다고 주장하는 회계사·변호사·비평가·교수들이 그런 이유로 언론의 조명을 받았다. 조국을 비방하는 책을 공동 집필해 한국 저널리즘의 총아가 되었던 그들은 무엇을 하고 있는가? 회계사는 국힘당 비대위원이 되어 서울 지역구에서 국회의원 자리에 도전했다가, 김건희를 비판했다는 이유로 대통령실의 눈총을 받은 끝에 출마를 접고 정치적 미아가 되었다. 변호사는 상식으로는 설명할 수 없는 직무 유기 행위로 의뢰인에게 엄청난 피해를 준 사실이 드러나 변호사협회의 징계를 받았다. 비평가는 활동이 뜸해서 무엇을 하는지 모르겠는데, 신간 도서 추천사에서 가끔 이름을 본다. 과학자 교수는 극우 유튜버로 변신해 듣는 이가 거의 없는 정치비평으로 소일한다. 조국 사태 와중에 알 수 없는 이유로 교수직을 사퇴했던 또 다른 교수는 다른 대학에서 교수직을 받았다는데, 청년을 가르치는 일보다는 방송에서 남과 다투는 일에 골몰하는 듯하다. 그들이 위선의 상징이라 공격했고 언론이 4년 넘게 뭇매를 때렸던 조국은 어떤가? 총선에서 돌풍을 일으키고 국회의원이 되었다. 등원 첫날 예고했던 대로 한동훈 특검법안을 발의했다. 그는 윤석열과 정면 대결을 벌이고 있다. 한국 언론의 몰락을 증명하는 데 이보다 나은 사례가 있는지 모르겠다.

언론의 몰락이 만든 저널리즘의 공백은 새로운 저널리즘이 채운다. 새로운 저널리즘은 언론기업이 아니라 기동성 있는 정보유통 네트워크로 저널리즘을 구현한다. 소자본으로 수월하게 만들 수 있으며 지상파나 종편 방송 같은 규제를 받지 않는다. 대중이 환영하면 순식간에 커지고 대중이 외면하면 금방 사라진다. 새로운 저널리즘은 유튜브, 페이스북, 트위터, 틱톡, 커뮤니티 게시판, 카톡 등 다양한 플랫폼과 네트워크를 통해 뉴스를 전달한다. 언론도 같은 플랫폼과 네트워크를 사용하지만 특권은 없다. 고급 촬영 장비와 편집 기술을 써서 더 품질 좋은 영상을 제공하지만 그것만으로는 대중의 마음을 사로잡지 못한다. 그들은 뉴미디어에서도 뉴스 수용자를 무시한다. 자신이 선택한 사실을 자신의 시각으로 해석해 일방적으로 쏘아 보낸다. 시청자와 소통하지 않는다.

저널리스트 김어준

새로운 저널리즘의 대표 인물은 김어준이다. 오세훈 서울시장은 김어준을 TBS교통방송에서 쫓아냄으로써 중대한 '정치적 이적행위'를 저질렀다. 농담이 아니다. 김어준은 TBS 교통방송 〈뉴스공장〉을 유튜브 버전으로 전환했다. 총선 시기 내내 매일 아침 20만 넘는 시민이 그의 방송을 라이브로 보았다. 총선 개표방송에서 압도적 일등을 한 MBC의 유튜브 라이브 실시간 접속자 수가 17만 정도였던 사실과 비교해 보라. 김어준은 대한민국 최강 저널리스트다. 언론이 연일 대서특필하는 일을 그는 한마디로 정리한다. '이건 중요하지 않습니다.' 모든 언론이 모른 체하는 사건을 매일 다루면서 말한다. '이건 중요한 뉴스입니다.'

〈김어준의 겸손은 힘들다 뉴스공장〉은 실시간 접속자 수를 기준으로 유튜브 라이브 뉴스 프로그램 세계 일등이다. 영상 재생회수는 매일 백만 단위로 헤아려야 한다. 숏폼 동영상은 시청자를 집계할 수도 없다. 정치 분야에 한정하면 뉴스공장의 위력은 지상파 방송국의 프라임 타임 뉴스를 능가한다. 교통방송에서는 〈방심위〉(방송통신심의위원회) 규제 때문에 최소한으로라도 기계적 중립을 지켰지만 유튜브에서는 그럴 필요가 없다. 집요하고 강력하고 철저하게 윤석열과 국힘당을 타격했다.

김어준은 여론조사를 동원한 대중심리 조작을 막지 못한 것이 이재명 낙선의 원인 가운데 하나라고 판단했다. 그런 사태를 막으려고 〈여론조사 꽃〉을 세웠다. 김어준의 문제의식에 공감한 시민들이 정기구독자로 가입해 돈을 보냈다. 〈여론조사 꽃〉은 전화면접과 자동응답 방식의 정기 여론조사를 병행했다. 〈여론조사 꽃〉이 총선 기간에 한 지역구 여론조사는 공개된 모든 조사의 20퍼센트가 넘을 정도로 많았다. 김어준은 정기 여론조사와 대규모 선거구 여론조사 결과를 발표함으로써 2월 일반여론조사 결과를 활용해 대중의 심리를 조작하려던 언론의 기획을 무산시켰다.

김어준이 외모만 장비 같은 게 아니다. 조조의 대군을 멈추게 했던 장판교의 장비처럼 언론의 편파보도와 여론조사 공세를 막아냈다. 여론의 흐름을 대중에게 알리고, 민주당 후보를 출연시켜 인지도를 높였다. 그들의 유튜브 방송 구독자를 늘리고 후원금 계좌를 채워주었다. 윤석열의 무능과 폭정을 드러내고 한동훈의 교만한 언행을 돋보이게 했다. 민주당과 조국혁신당의 협력과 역할 분담을 북돋웠다. 〈김어준의 겸손은 힘들다 뉴스공장〉은 민주당과 조국당의 온라인 선거대책

본부였다.

　이런 활동은 '우리가 알던 저널리즘' 규범에 어긋난다. 그렇다. 김어준은 편파적이다. 하지만 편파적이 되는 과정은 공정하다. 사실을 토대로 논리의 규칙에 따라 무엇이 뉴스인지 결정한다. 저널리즘 규범을 모두 거부한 것은 아니다. 어떤 것은 언론보다 더 철저하게 준수한다. 김어준은 편향되었다는 비난을 기꺼이 감수하면서 세상의 균형을 이루는 데 기여했다.

　대중은 김어준을 저널리스트로 본다. 머지않아 그를 한국의 가장 영향력 있는 언론인으로 인정할 것이다. 다시 말한다. 저널리즘은 무엇인가? 뉴스를 결정하는 과정이다. 김어준은 그 일을 한다. 기성 언론과 다른 시각 다른 방식으로 한다. 결정적으로 다른 것은 수용자를 대하는 자세다. 그는 대중과 소통하면서 뉴스를 결정한다. 여론조사 회사 창립부터 정기 구독자 모집과 〈김어준의 겸손은 힘들다 뉴스공장〉 수익모델 창출까지 모든 활동을 시민과 함께 했다. 이것이 김어준 스타일의 새로운 저널리즘이다. 나는 「한겨레」가 이런 저널리즘을 구현하기를 바랐다. 이제는 기대하지 않는다.

　말이 나온 김에 한국 언론에 대한 평소 생각을 하나 더 말하겠다. 우리 언론은 자유를 찾고 민주주의를 세우는 데 기여한 바 없다. 자유를 억압하고 민주주의를 파괴하는 데 협조하거나 앞장선 적은 많다. 1987년 6월 민주항쟁 때 국민과 함께 군부독재와 싸운 것은 사실이다. 하지만 그것은 군부독재에 빼앗긴 자신의 권력을 되찾기 위한 활동이었다. 그 시기를 제외하면 한국 언론은 언제나 권력 가진 자, 돈 많은 자, 많이 배운 자, 기득권자의 편을 들었다. 스스로 균형을 지키지 않음으로써 세상의 균형을 파괴했다. 지금도 그렇다.

25년 전 나는 「동아일보」에 칼럼을 연재했다. 「중앙일보」와 「경향신문」에도 기고했다. 「조선일보」와 거래하지 않은 것이 그나마 다행이었다. 그때 나는 저널리즘이 무엇인지 몰랐다. 언론에 발 하나 담근 것을 자랑스러워했다. 내 글을 싣는 신문이 세상에 어떤 해악을 끼치는지 생각하지 않았다. 요즘은 「세상을 바꾸는 시민언론 민들레」에 칼럼을 연재한다. 〈김어준의 겸손은 힘들다 뉴스공장〉이나 〈압도적 재미 매불쇼〉에 가끔 나간다. 조수진 변호사와 도서비평 〈알릴레오 북's〉를 진행한다. 이런 것을 새로운 저널리즘 활동이라고 생각한다.

통계청의 「생명표」를 보니 나한테 남은 시간은 20년 정도 된다. 건강수명은 평균수명보다 짧으니 사회에서 활동할 수 있는 시간은 더 적을 것이다. 인생의 마무리를 생각하면서 살아야 할 시기다. 내가 사는 동안 세상이 크게 나아질 것이라고 기대하지는 않는다. 어떤 날은 낙관하고 어떤 날은 비관

한다. 언론을 보면 앞이 캄캄하다. 한국 언론은 재벌 대기업과 한몸이고 국힘당의 전위이며 부패한 권위주의 문화의 수호신이다. 그 자체가 특권집단으로서 사회의 모든 부당한 특권을 지킨다. 특권을 비판하는 개인과 집단을 가차 없이 물어뜯는다.

총선에서 새로운 저널리즘이 낡은 저널리즘을 이긴 듯해서 그나마 희망이 보인다. 언제나 이기지 못해도 괜찮다. 결정적으로 중요한 싸움에서만 이겨도 만족한다. 내가 기여할 일이 있는지는 모르겠다. 나 자신이라도 지키고 싶다. 남은 인생에서 가장 젊은 때가 지금이라고 하니, 당분간은 「세상을 바꾸는 시민언론 민들레」 칼럼을 쓰려고 한다. 하지 말아야 할 일도 있다. 다른 건 몰라도 「조선일보」 기자 앞에서 웃으며 포즈를 잡고 인터뷰하지는 않겠다. 나이 먹어 현명해졌다고 자랑하는 어리석은 노인이 되지도 않겠다.

새로운 저널리즘을 실천하는 사람이 김어준뿐인 것은 아니다. 〈뉴스타파〉는 오래된 저널리즘과 새로운 저널리즘의 장점을 결합해 수준 높은 탐사보도를 구현한다. 〈서울의 소리〉 정병곤 기자는 윤석열의 출퇴근 시간을 점검한다. 〈스픽스TV〉 라이브도 볼 만하다. 일일이 거명하지는 않겠지만, 새로운 저널리즘 활동을 수행하는 채널은 숱하게 많다. 내가 아직 모르는 채널도 있을 것이다.

새로운 저널리즘은 윤석열의 권력 기반을 약화시킨다. 언론이 일부러 감추는 사실을 공개함으로써 대통령 국정수행 지지도를 끌어내린다. 〈뉴스타파〉의 쌍방울 대북송금 관련 국정원 비밀요원 보고서 공개가 대표 사례다. 언론은 그 보고서의 뉴스 가치를 전면 부정했다. 「내일신문」 하나를 제외하고는 며칠 동안 어느 언론사도 〈뉴스타파〉의 보도를 인용하지 않았다.

　　〈김어준의 겸손은 힘들다 뉴스공장〉을 비롯한 새로운 저널리즘 채널들이 사실을 전파했다. 민주당이 〈뉴스타파〉 보도를 근거로 검찰의 사건 조작을 비판하는 기자회견을 하고 나서야 MBC와 몇몇 언론사가 뉴스를 내보냈다. 「조선일보」, 「뉴스1」, 「YTN」 등 다른 신문사·통신사·방송사의 첫 보도는 수원지검이 민주당 주장을 허위라고 반박했다는 내용이었다. 〈뉴스타파〉가 공개한 국정원 블랙요원의 보고서는 감추어두고 민주당과 검찰의 공방전만 보도했다. 얼마나 우스운 꼴인가. 언론개혁은 가능하지도 않고 의미도 없다. 낡은 언론이 윤석열에게 제공한 보호막을 벗기려면 새로운 저널리즘을 키워야 한다. 우리는 그 일을 잘해왔으며 앞으로 더 잘할 것이다.

그가 인기 없는 이유

처참한 경제성적표

윤석열 국정수행 지지율은 취임 석 달 만에 바닥에 떨어
졌다. 한 번도 상승 흐름을 보이지 못하고 지금까지 왔다. 총
선 후에는 바닥에서 지하로 내려간 형국이다. 이재명을 만났
고 취임 2주년 기자회견을 했지만 달라진 것은 없다. 여전히
검찰을 시켜 야권 인사들을 털고 있다. 문재인의 비리를 찾겠
다고 딸과 이혼해서 남이 된 사람의 가족까지 괴롭힌다. 이재
명을 쌍방울의 대북 불법송금 행위와 엮으려는 공작도 그만두
지 않았다. 비판 언론의 입을 틀어막는 방심위의 난동도 멈추
지 않았다. 김건희 의혹을 수사하려던 서울중앙지검을 폭파해
버렸다. 채해병 특검법에 거부권을 발동했고, 야당들이 시민

사회와 함께 규탄집회를 한 바로 그 시각에 기자들을 대통령실 마당에 불러놓고 달걀을 말았다. 명색이 간담회였는데, 어떤 질문과 답변이 오갔는지는 보도가 없었다. 대통령실이 편집해 내보낸 달걀말이 영상과 김치찌개 레시피가 국정운영 성과로 남았다.

윤석열은 왜 인기가 없을까? 첫째는 무능이다. 국정을 옳게 이끌었는데도 국민 눈높이에서 소통하지 못해서 그렇다는 변명은 국민의 부아를 돋울 뿐이다. 그는 해야 할 일을 하지 않았다. 하지 말았어야 할 일은 많이 했다. 원래 있던 문제는 더 심각하게 했고 없던 문제를 숱하게 만들었다. 그냥 무능한 게 아니라 상상을 초월하는 수준으로, 극단적으로 무능하다. 국민은 그렇게 본다. 많은 증거가 있다. 첫 번째는 경제성적표다.

취임 첫해부터 심상치 않았다. 경제성장률과 원화 가격이 폭락해 달러 표시 1인당 국민총소득이 단숨에 2,700달러 넘게 줄었다. 코로나19 사태 와중에도 3,000을 찍었던 종합주가지수는 2,500선으로 떨어졌다. 하반기 경상수지가 적자를 기록한 탓에 2022년 경상수지 흑자가 전년보다 무려 550억 달러 감소했다. 금리와 물가는 하루가 다르게 치솟아 민간 가계의 소비 여력이 쪼그라들었다. 그 모두를 윤석열 책임이라고 할 수는 없다. 2022년도 정부예산은 문재인 정부와 민주당이 만들었고, 5월 8일까지 대통령은 문재인이었다.

윤석열이 온전하게 국가를 운영한 2023년은 어땠는가? 더 나빠졌다. '전 정부 타령'으로 책임을 모면할 수 없을 만큼 나빠졌다. 2023년 경제지표를 문재인이 정부를 이끈 2021년 경제지표와 비교해 보자. 망했다고 해도 지나치지 않을 정도다. 경제성장률은 1.4퍼센트로 반 토막이 났다. 세계 평균의 절반밖에 되지 않았고, IMF 경제위기 이후 처음으로 일본에 뒤졌다.

경제성장률에 영향을 주는 모든 요소가 좋지 않은 흐름을 보였다. 민간소비는 증가율이 격감했고 기업의 투자지출은 절대 액수가 줄었다. '균형재정'을 하겠다면서 종부세(종합부동산세)를 사실상 폐지에 가까울 정도로 축소하고 법인세를 깎아주는 등 부자 감세 정책을 편 탓에 문재인 정부보다 더 많은 재정적자를 냈다. 수출이 뒷걸음질해 연간 무역수지는 백억 달러 넘게 적자가 났다. 무역수지 악화를 이끈 대중(對中) 무역적자는 정확히 윤석열이 취임한 2022년 5월에 시작했다. 부자 감세는 말할 것도 없이 윤석열이 벌인 일이다. 소비 감소와 투자 부진은 어떨지 모르겠으나 무역적자와 재정적자가 윤석열 책임이라는 것은 다툴 여지가 없다.

윤석열도 성적표가 나쁘다는 사실을 알았다. 그래서 국가재정법에 따라 4월 10일까지 공개해야 할 「2023년도 국가

재정집행 결산보고서」를 총선 다음날인 4월 11일 발표했다. 4월 10일이 임시공휴일이라 법 위반은 아니라고 해명했지만, 총선에 악영향을 주지 않으려고 그랬다는 것은 말할 필요도 없다. 2023년 재정적자는 국내총생산의 3.9퍼센트인 87조 원이었다. 분식회계 기술을 넣어 다음 회계연도로 일부 넘겼는데도 그 정도였다. 총선을 앞두고 예산을 조기 집행한 2024년 1분기 재정적자는 75조 원이 넘었다.

거시 경제지표만 나빴던 게 아니다. 중산층과 서민의 생계 관련 지표도 마찬가지였다. 이번에도 2023년 지표를 2021년 지표와 비교한다. 소비자물가 인상률은 2.5%에서 3.6%로 올랐다. 한국은행 기준금리가 오르자 시중은행의 주택담보대출 금리가 두 배로 올라 4.0퍼센트를 넘겼다. 이자 부담이 증가해 그렇지 않아도 어려웠던 서민 가계의 주름은 더 깊어졌다. 연평균 달러 환율은 IMF 경제위기 이후 가장 높은 수준인 1,306원으로 치솟았다. 35,373달러였던 1인당 국민총소득(GNI)은 33,000달러에 턱걸이한 수준으로 떨어졌다. 올해 달러 평균 환율은 그보다 더 높아질 전망이다.

한국 국민은 평균적으로 2년 전보다 가난해졌다. 대기업과 중견·중소기업을 불문하고, 정규직과 일용직 등 모든 고용형태에서, 실질임금이 감소했다. 최저임금을 포함한 임금상승률이 물가인상률에 미치지 못한 탓이다. 사회보험 통계에 잡히는 임금노동자 2천만 명의 평균 실질 세후 연봉도 모든 소득분위에서 감소했다. 임금 상위 1퍼센트에 드는 노동자도 예외가 아니었다. 전국 가구의 실질 가처분소득도 줄었다. 부동산과 유가증권 등 부자들의 자산 소득에 대해서만 감세하고 근로소득세는 그대로 두었기 때문이다. 통계청의 「2024년 1분기 가계동향 조사」 데이터를 보면 올해 상황은 더 악화했다. 전체 가구의 월평균 명목소득은 전년 같은 기간보다 1.4퍼센트 증가했지만 실질소득은 1.6퍼센트 줄었다.

기업도 온전하지 않았다. 영업이익과 순이익 모두 2년 전의 절반으로 감소했다. 한국은행이 발표한 2023년 12월의 경제심리지수는 91.1로 2년 전 같은 시점의 104.5보다 크게 낮았다. 부자 감세는 기업의 투자를 전혀 북돋우지 못했다. 주식시장 상황도 좋지 않았다. 2023년 12월 28일 마지막 거래일 코스피 지수 2,665는 두 해 전 종가(終價)보다 11퍼센트 낮았다. 주식가격이 떨어지고 부동산 시장 불황이 겹치면서 전국 가구의 순자산 가치가 모든 소득계층에서 감소했다. 가전제품을 비롯한 내구성 소비재 판매가 줄었고 음식점을 포함한 자영업 전체가 불경기에 빠졌다.

요약하면 한국 경제는 '하향 나선형의 악순환'에 들어섰다. 민간 가계는 자산과 소득이 줄었기 때문에 소비 지출을 줄였다. 기업은 판매 전망이 어둡고 수출이 잘되지 않아서 투자를 줄였다. 윤석열이 '가치외교'를 외치면서 미국을 추종하고 중국과 러시아를 적대한 탓에 무역수지 적자가 커졌다. 무역 의존도가 높은 한국 경제의 불황은 깊어졌다. 이런 판국에 부자 감세를 하고 긴축재정 정책을 폈다. 그 모든 요인이 작용해 경제성장률이 반토막 났다. 소득이 줄었으니 민간 가계는 소비 지출을 더 줄일 것이다. 전형적인 하향 나선형 악순환이다.

경제지표는 최소한으로만 살폈다. 문재인 정부와 윤석열 정부의 경제성적 차이를 상세하게 알고 싶은 독자는 〈김어준의 겸손은 힘들다 뉴스공장〉이 제공하는 〈뉴공 아카이브〉의 최배근 교수 대담 녹취록을 참고하기 바란다. 나는 언론보도와 최 교수의 분석 데이터를 활용해 윤석열 정부의 경제성적표를 요약했다.

광신적 시장주의

모든 것이 전적으로 윤석열 책임이라고는 할 수 없다. 전 정부에서 물려받은 어려움도 있었다. 이재명이 대통령이 되었다고 해서 더 잘했으리라는 보장 역시 없다. 하지만 어쨌든 대통령은 윤석열이다. 경제성적표가 나쁘면 사실을 인정하고 원인을 찾고 처방을 마련해야 한다. 생각이 다른 이들과 토론해야 한다. 여당뿐 아니라 야당과도 상의하면서 문제를 해결해야 한다. 그게 대통령이 해야 할 일이다.

그러나 그는 하지 않았다. 문재인이 나라살림을 엉망으로 한 탓에 자신이 소년가장처럼 고생했다는 등 남 탓을 계속한다. 처음부터 일할 뜻이 없었다. 대통령 후보 시절 "경제라는 게 대통령이 살릴 수 있는 게 아니다"라고 했다. 언론이 추궁하지 않았기 때문에 국민도 큰 의미는 두지 않고 넘겼지만 그렇게 해도 될 문제는 아니었다. 윤석열이 읽었다고 말한 유일한 경제 서적이 있다. 『선택할 자유(Free to Choose)』(밀턴 & 로즈 프리드먼 지음, 민병균 외 옮김, 자유기업원, 2022)다. 이것 말고는 그가 책 이야기하는 것을 본 적이 없다. 술 이야기, 안주 이야기만 많이 들었다. 책 한 권만 읽은 사람이 제일 무섭다는데, 윤석열이 그런 경우다.

밀턴 프리드먼은 '광신적 시장주의자'였다. 제2차 세계대전의 불쏘시개가 되었던 1930년대 세계 대공황을 부정했다. 정부의 통화정책 실패로 생긴 일시적 혼란이었을 뿐 자본주의 체제의 구조 결함에서 생긴 문제는 아니었다고 했다. 정부 업무는 대부분 특수 집단의 특수 이익을 지켜주는 일이므로 최선의 경제정책은 정부가 아무 일도 하지 않는 것이라고 주장했다. 규제 철폐와 감세를 옹호했고 노동조합의 존재 가치를 부정했으며 최저임금제와 사회복지정책 폐지를 권고했다. 윤석열은 부친의 권유를 받고 그 책을 읽었으며 여러 해 동안 끼고 다녔노라 말했다.

윤석열은 지금도 프리드먼을 추종한다. 경제 관련 발언 중에 『선택할 자유』에서 가져온 것이 적지 않다. 원하면 최저임금보다 적은 돈을 받고 일할 수 있게 해야 한다든가, 불량식품이라도 싸게 먹을 수 있게 해야 한다든가, 상속세와 증여세는 부당한 세금이라든가 하는 말이 다 그렇다. 행동도 말과 다르지 않았다. 정부 재정지출 증가 속도를 늦추었고 부동산 거래 규제를 모조리 없앴다. 최저임금을 물가인상률보다 낮은 수준에 묶어두고 부자 감세는 법률 개정 없이 할 수 있는 최대치로 실행했다. 전국 그린벨트 해제를 과격하게 밀어붙였다.

경제를 자기 마음대로 할 수 없다는 것을 모르지는 않는다. 경제 지표가 엉망이라서 대통령 국정수행 지지율이 낮다는 지적이 나오자 무언가 하는 시늉을 했다. 예컨대 비상경제민생회의가 그런 것이다. 다음은 2023년 3월 29일의 제15차 비상경제민생회의 모두 발언이다. 중요한 발언이라서 소개하는 게 아니다. 다른 건 몰라도 경제정책만큼은 대통령의 말이 아무 의미가 없다는 증거라서 가져왔다.

"국제 공급망 교란, 원자재 가격 상승, 고금리, 국제금융시장 불확실성, 교역대상국의 경기둔화 등 대외 경제여건 악화로 인해 수출이 부진하고 경제가 어렵다. 위기에는 '민생안정'이 가장 중요하다. 물가 안정과 자영업자·소상공인 지원에 최선을 다했다. '수출과 수주의 확대'로 위기를 극복하기 위해 경제를 외교의 중심에 두고 대한민국 1호 영업사원이라는 자세로 뛰었다. 이제 '민생안정'과 '수출 확대' 노력에 '내수 진작'을 더해야 한다. 음식·숙박·관광을 팬데믹 이전으로 되돌리고 외국인 관광객을 늘리려면 비자 제도를 개선하고 항공편을 늘리고 관광과 문화를 연계하고 전통시장을 문화상품으로 발전시켜야 한다."

영혼 없는 말 잔치였다. 최근 국민경제의 어려움이 대외 경제여건 악화와 관련이 있다는 건 분명한 사실이다. 그런데 문제를 만든 것은 윤석열 자신인데도 모른 척했다. 정부가 물가 안정과 자영업자·소상공인 지원에 최선을 다했다는 건 명백한 거짓말이다. 무엇을 했고 어떤 성과를 냈는지 입증하는 데이터가 전혀 없다. 대한민국 1호 영업사원으로서 수출을 확대했다는 건 거짓말도 못되는 헛소리다.

대통령 주재 공개회의는 정보를 나누고 생각을 모으는 곳이 아니다. 대통령의 참모와 공무원들이 만든 정책을 국민에게 알리는 언론 이벤트다. 대통령과 국무위원들이 이견을 조정하려고 토론할 때는 보는 이가 없는 곳에서 한다. 경제부총리와 법무부·문화체육관광부·농림축산식품부·산업통상자원부·국토교통부·해양수산부·중소벤처기업부 장관, 금융위원장·관세청장 등은 토론하려고 비상경제민생회의에 오지 않았다. 대통령의 위세를 보여주려고 참석했다.

그날 보고한 '내수 활성화 대책'은 황당한 수준이었다. 언론은 대규모 이벤트와 할인행사 연속 개최, 지역관광 콘텐츠 확충, 근로자 등의 국내여행비 지원 확대, 연가 사용 촉진, 일·중·동남아 외국인 한국관광 활성화, 소상공인 지원 강화, 먹을거리 등 핵심 생계비 부담 경감 등, 보고 내용을 야단스럽게 보도했다. 모두가 지방정부와 민간기업의 몫이거나 '비(非)예산 사업'이라는 사실을 아무도 지적하지 않았다. 그런데 예외가 하나 있었다. 근로자 국내여행비 지원 사업이다. 그런 사업이 국내여행 활성화에 도움이 된다는 건 말할 필요도 없다. 하지만 규모가 너무 작았다. 백만 명에게 숙박비 3만 원을 지원하고 최대 19만 명한테 휴가비 10만 원을 주는 그 사업의 예산은 고작 6백억 원이었다.

대한민국 국내총생산은 2천조 원이 넘는다. 6백억 원이면 국내총생산의 0.0028퍼센트다. 이른바 '승수효과' 때문에 국민소득이 정부 지출액보다 많이 늘어난다고 해도 '코끼리 비스킷'에 지나지 않는다. 경제 관료와 대통령 참모들은 무슨 목적으로 이런 정책을 보고했을까? 민생과 국민경제를 위해 무언가를 하고 있다는 착각을 유발하는 것 말고는 다른 목적을 생각하기 어렵다. 그렇다면 그들은 왜 그렇게 일하는 시늉만 했을까? 제대로 하려면 윤석열의 이념을 부정해야 하기 때문이다.

중산층과 서민의 가처분소득을 늘려 소비 지출을 북돋우는 것은 민주당의 정책이다. 국민기초생활보장, 보편복지, 지역화폐, 최저임금 인상, 무상급식, 건강보험 보장성 강화, 기초연금과 노인장기요양보험제도 도입 등 민주당 정부의 주요 정책이 다 그런 것이었다. 김대중·노무현·문재인 모두 속도와 방법은 달랐지만 같은 방향으로 국정을 운영했다. 저소득 근로자 국내여행 경비지원 사업은 민주당 노선에 부합하는 정책이다. 사업을 크게 벌였다가는 윤석열의 '격노'를 유발할 위험이 있다. 믿기 어렵겠지만 윤석열의 경제정책은 정부가 아무 일도 하지 않는 상태를 지향한다.

윤석열의 '줄푸세'

이명박·박근혜·윤석열은 민주당 경제정책이 나라를 망쳤다고 주장했다. 박근혜는 2007년 한나라당 대선후보 경선 때 '줄푸세' 경제정책을 제시했다. 세금은 '줄'이고 규제는 '풀'고, 정책 피해자가 반발하면 법질서를 '세'운다는 명분으로 때려잡는 것이다. 한국 보수정당은 이것 말고는 경제정책이 없다. 이명박도 4대강 사업을 빼고는 박근혜 말대로 했다. 윤석열도 정확하게 그 길을 가는 중이다.

윤석열은 이명박·박근혜보다 거칠게 한다. 예컨대 2024년 정부 지출 규모를 전년보다 2.8퍼센트 늘리면서도 연구개발 예산은 15퍼센트 넘게 줄였다. 민주당이 국회에서 일부 복원했지만 결국 전년도보다 4조 6천억 원 줄었다. 5퍼센트를 넘겨 세계 최고 수준을 기록했던 정부 총지출 대비 연구개발 투자 비중은 순식간에 4퍼센트로 떨어졌다. 국내 과학자 단체뿐만 아니라 「네이처」와 「사이언스」 같은 국제학술지도 우려를 표명할 정도로 과격한 예산 삭감이었다. 과학계는 신진연구자와 학생 연구원을 해고하고 장기 연구 사업을 중단하는 등 충격에 휩쓸렸다.

이것은 미래의 경제성장 동력을 없애는 행위였다. 한국의 경제성장률은 지속 하락했다. 누구의 잘못도 아니다. 불가피하고 자연스러운 현상이다. 경제성장률은 노동투입량, 자본투입량, 생산기술 수준 세 가지가 좌우한다. 한국은 인구 감소 시대에 들어섰다. 세계화가 진전해 자본이 큰 어려움 없이 국경을 넘나든다. 한국 경제의 성장률을 높이려면 생산기술 수준을 올려야 한다. 그러려면 두 가지가 필요하다. 연구개발 투자를 늘리고 적절한 제도적 환경을 조성하는 것이다.

재능 있는 사람을 '영재'라고 하자. 영재가 태어날 확률은 생물학적 우연이 결정하기 때문에 모든 호모 사피엔스 집단에서 같다고 볼 수 있다. 어떤 국민경제가 생산기술을 빠르게 발전시키려면 그 사회에서 태어나는 모든 사람이 자신의 재능을 발견할 기회를 제공하고 그 재능을 발현할 수 있는 환경을 조성해야 한다. 재능 있는 사람들이 발견해낸 새로운 과학 정보와 기술을 생산 활동에 적용하도록 북돋우는 제도와 보상체계를 구축해야 한다. 필요하면 외국에서 우수인력을 영입하거나 앞선 기술을 들여와야 한다.

생산기술 수준이 높으면 같은 양의 노동력과 자본으로 더 많은 부가가치를 생산한다. 경제학 언어로는 발전한 생산기술이 '총요소생산성'을 높인다고 한다. 우리 정부는 민주화 이후 연구개발 예산을 계속 늘렸다. IMF 경제위기를 겪은 다음에는 더 많이 늘렸다. 기업도 앞다투어 연구소를 설립하고 순이익을 기술 개발에 투입했다. 생산기술 수준을 높이는 것 말고는 경제성장을 도모할 방법이 없다는 데 진보·보수를 불문하고 모든 정당과 전문가들이 동의했다.

생산기술은 기업이 쓰는데 왜 정부가 연구개발 사업에 돈을 쓰는가? 불확실성과 외부효과 때문이다. 과학 기술은 어떤 연구가 어떤 성과를 낼지, 성과를 낼 경우 그것이 어떤 산업에 어떤 기술 향상 효과를 가져다줄지 미리 알기 어렵다. 누군가 생산기술을 혁신하고 새로운 시장을 창출하면 경제 효과는 사회 전체로 퍼진다. 민간에만 맡겨둘 경우 연구개발 투자가 필요한 만큼 이루어지지 않는다. 그래서 모든 문명국의 정부는 고등교육에 막대한 재정을 쏟아붓는다. 대학의 기초과학 분야 연구 활동과 교육 활동을 지원해 학문 후속세대를 양성한다. 산학협동연구에 기업과 함께 돈을 대고, 가치 있는 연구 결과가 나와도 지적 재산권을 국유화하지 않는다. 연구자들이 특허를 획득하고 기업을 세우도록 지원한다.

연구개발 예산을 과격하게 줄이면 현장에 여러 문제가 생긴다. 극단적인 경우 진행 중인 연구 사업을 멈추어야 한다. 시작하려던 연구를 접어야 한다. 연구원을 해고하고 신규 인력 채용을 포기해야 한다. 연구사업단에서 학위 취득 과정을 병행하는 대학원생도 내보내야 한다. 대학과 국가연구기관뿐만 아니라 정부의 재정지원을 받는 민간 연구기관도 마찬가지다. 윤석열의 연구개발 예산 삭감 조처는 기묘하게도 바이오·인공지능·양자컴퓨터·디지털콘텐츠 등 소위 '4차 산업혁명' 핵심 분야를 집중 타격했다.

게다가 의과대학 정원을 과격한 방식으로 늘렸다. 나는 기득권을 지킬 목적으로 의대생과 전공의들이 벌인 극단적 투쟁을 비판한다. 고령화에 발맞추어 적절한 속도로 의사를 증원해야 한다고 생각한다. 하지만 국가 연구개발 예산을 과격하게 삭감하면서 의대 입학 정원을 과격하게 늘리면 우수 인력의 의대집중 현상은 더 심해질 것이다. 국가와 대학 연구기관이 인재를 확보하지 못하면 우리 국민경제가 성장 동력을 얻기는 더욱 어려워진다. 하지만 윤석열은 책임지지 않아도 된다. 그가 한 어리석은 행위의 나쁜 효과가 경제성장률에 반영되기까지는 긴 시간이 걸린다. 그때 그것이 윤석열 때문임을 누가 알겠는가.

'천공'이 사주했다는 말은 믿고 싶지 않다. 윤석열과 김건희의 '스승'으로 알려진 그는 올해 초 업로드 한 〈천공정법〉 12709강에서 이렇게 말했다. 말의 앞뒤가 분명하지 않아서 발언 취지를 그대로 두고 문법에 맞게 문장을 정리했다. "우리나라는 과학자가 필요 없다. 과학은 연구하지 않고 보기만 하면 된다. 서양에서 열심히 연구해서 올려놓은 보고서를 보면 벌써 과학자다." 가짜뉴스라고 할지 몰라서 덧붙인다. 정확하게 4분 5초부터 4분 20초까지였다. 영상을 보면서 자괴감을 느꼈다. '대통령이 왜 저러는지 궁금해서 이렇게 앞뒤 없는 헛소리를 들어야 한다니!'

윤석열은 아무것도 하지 말라는 프리드먼의 가르침을 충실하게 따르는데, 국민들은 대통령이 왜 아무것도 하지 않느냐고 화를 낸다. 민심을 달래는 시늉이라도 해야 한다. 그래서 총선을 앞두고 민생토론회라는 쇼를 하면서 어차피 지키지도 않을 개발공약을 부담 없이 쏟아냈다. 다시 말하지만 경제정책에 대해서 윤석열이 하는 말은 의미를 부여하지 않는 게 좋다. 그 자신도 무슨 뜻인지 모르고 하는 말이다.

「2023년도 국가재정집행 결산보고서」와 최근 데이터를 종합하면 윤석열 정부는 2022년 5월부터 2024년 3월까지 2백

조 원 정도의 재정적자를 냈다. 원인은 부자 감세와 경기부진으로 인한 세수 감소였다. 그런데도 윤석열은 재정을 건전하게 운용했다고 주장한다. 수출이 3년 전 수준을 회복하지 못했는데도 무역이 호조라고 자랑한다. 달러 환율이 한때 1,400원 선을 건드렸는데도 걱정하는 기색이 없다. 그가 경제 분야에서 무엇인가 개선할 가능성은 없다. 특별한 행운이 찾아들지 않으면 한국 경제는 더 나빠질 것이다. 1997년 가을과 비슷한 금융위기가 닥칠 가능성도 배제할 수 없다.

이런 경제성적표를 낸 대통령이 인기가 있다면 나라가 망할 징조라고 할 수 있다. 그런 점에서 대한민국 국민은 정상이다. 압도적 다수가 대통령이 국정운영을 잘못한다고 생각한다. 윤석열이 임기를 채우게 해도 대한민국이 괜찮겠는지 서로 묻는다. 괜찮지 않겠다고 판단한 시민들은 어떤 대책이 있는지 고민한다. 우리나라, 아직은 희망이 있다.

59분 대통령

경제성적표가 나쁘다고 해서 국민이 대통령을 무조건
불신하지는 않는다. 성적이 좋지 않아도 국민의 요구에 귀 기
울이면서 최선을 다하는 것 같으면 지지하고 격려한다. 하지
만 성적 나쁘다는 사실을 인정하지 않고, 남 탓을 하고, 비판
하는 사람의 입을 틀어막고, 국민이 바라지 않는 일에 멋대로
권력을 휘둘러대는 대통령은 불신한다.

윤석열은 헌법과 법률이 정한 절차에 따라 합법적으로
대통령이 되었다. 군대를 동원해 국회를 폭력으로 해산하지
않았다. 반정부 인사를 불법 구금하거나 고문한 적도 없다. 시
위하는 시민들한테 최루탄을 던지게 하지도 않았다. 독재자라

고 할 수는 없다. 대한민국은 엄연한 민주주의 국가다. 그런데 그는 독재자처럼 행동한다. 독재를 할 수 없어서 못하는 것이지 할 수 있는데도 안 하는 게 아니다. 힘과 능력이 있다면 언제든지 독재자가 될 만한 사람이다. 나는 그렇게 본다.

보수 진영의 관제탑 역할을 자임하는 「조선일보」는 가끔 흥미로운 글을 싣는다. 나는 그 신문을 구독하지 않지만 읽을 만하다고 소문이 난 기사는 확인해 본다. 2023년 4월 20일 〈태평로〉 칼럼은 제목부터 눈길을 끌었다. '대통령 지지율이 떨어진 어떤 이유들!', '친윤신문'의 '친윤 언론인'이 애정을 듬뿍 담아 쓴, 그보다 더 따뜻할 수는 없는 칼럼이었다. 글쓴이는 윤석열이 참모들과 격의 없이 소통한다고 칭찬하면서 이렇게 썼다.

"대통령은 양자(量子, quantum) 관련 정책회의에서 장시간 전문적 물리학 지식을 쏟아냈다. 외교·안보·경제·노동·연금·교육개혁 등 모든 분야에서 쉽게 결론을 냈고 정책의 틀을 직접 만들었다. 정치인·교수·기업인·종교인·기자·유튜버와 수시로 통화하고 텔레그램으로 소통한다. 1시간 회의에서 59분을 혼자 말한다. 그래서 '59분 대통령'이라는 말이 생겼다."

칼럼을 읽고 반성했다. 그가 손바닥에 '왕(王)' 자를 쓰고 토론장에 나온 이유를 잘못 해석했다. '철인왕(哲人王)'이 되겠다는 정치철학의 표현이었는데 나는 무속 행위로 오인했다.

제1장에서 말한 것처럼 윤석열은 '주관적 철인왕'이다. 토론 따위는 할 필요가 없다. 국민 여론은 가볍게 무시한다. 모든 것을 자신이 결단하고 공표한다.

그는 위험한 스타일의 권력자다. 사악한 권력자보다 어리석은 권력자가 더 위험하다. 자신이 무엇을 해야 하는지도 모르면서 스스로는 현자라고 확신한다. 국민의 압도적 다수가 원하는 것을 무시하고 정반대 선택을 주저 없이 한다. 비판하는 사람을 표적으로 삼아 가족과 주변까지 괴롭힌다. 민주공화국의 대통령이 해서는 안 될 짓을 하면서 자신의 권력을 확인하고 만족감을 느낀다.

국민은 언제나 옳다는 말은 '립서비스'였다. 자신이 사면 복권해 공천한 후보가 서울 강서구청장 보궐선거에서 큰 격차로 진 것을 보고 얼떨결에 '빈말'을 했다. 그는 국민이 언제나 옳다고 생각하지 않는다. 주 69시간 노동제 추진부터 양곡관리법 거부, 대일 대미 굴종 외교, 탈중국 노선에 이르기까지 매사 국민 여론에 어긋나는 노선을 걸었다. 용핵관들은 대통령이 '지지율 1퍼센트가 되더라도 나라와 국민을 위해 옳은 일을 하겠다'라는 말을 했다고 언론에 퍼뜨렸다. 국민을 무시하는 권력자가 아니고는 할 수 없는 말이다.

국민 여론이 진리라는 게 아니다. 여론이 잘못 형성되는 경우도 있다. 그러나 2년 내내 거의 모든 일을 국민이 부정적으로 평가했다면 자신의 생각이 잘못되지 않았는지 생각해 보는 게 정상이다. 하지만 윤석열은 성찰하지 않는다. 총선 직후 영수회담도 그랬다. 이재명은 공개 대담 시간에 15분 동안 준비한 말을 했다. 윤석열은 비공개 대담 시간을 대부분 썼다. 영수회담은 일회성 이벤트로 끝났다. 막후에서 회담을 주선한 함성득·임혁백 교수가 언론에 흘려보낸 뒷이야기를 들어보라. 진지하게 비평할 가치가 없을 만큼 저열하다. 이재명의 대선 가도에 지장이 없을 사람을 국무총리로 지명하겠다든가, 자신과 이재명 모두 문재인 정권한테 박해를 받았다든가 하는 것은 귀를 의심할 정도로 어리석은 말이었다.

윤석열은 이재명과 그의 정치적 동지들을 무한 수사, 무한 기소했다. 검찰·경찰뿐만 아니라 감사원·권익위·방통위·방심위까지 야당과 언론 탄압에 동원했다. 취임 초기에 했던 출근길 문답을 그만둔 뒤부터 언론을 기피했다. 지금까지 기자회견을 딱 두 번 했다. 그는 토론하지 않는다. 불편한 사람이 있는 곳에 가지 않는다. 박수부대를 모아놓고 혼자 말한다. 독재자가 될 능력이 없을 뿐, 말과 행동방식은 독재자의 것이다.

전두환 평행이론

표현의 자유를 탄압하는 것만큼 분명한 독재의 징후는 없다. 윤석열은 KBS를 정치적으로 사유화했다. 우회적으로 길들이려 하다가 잘되지 않자 노골적으로 장악했다. 먼저 방송법 시행령을 고쳐 TV수신료를 KBS가 직접 징수하게 했다. 전기요금에 얹어 징수할 때보다 납부 거부 사례가 늘어나고 징수비용도 증가하기 때문에 KBS는 수입 감소로 경영난을 겪게 된다. 그렇게 해서 임직원의 기를 꺾은 다음 방송통신위원장을 내쫓고 이명박 정부의 언론 통제 담당자였던 이동관을 임명했다. 야당이 탄핵을 추진하자 이동관은 사표를 냈다. 그러자 국민권익위원장이던 전직 검사 김홍일을 그 자리에 배치했다. 술친구라는 소문이 파다했다.

윤석열은 국회가 추천한 최민희 방통위원 후보에게 끝까지 임명장을 주지 않았다. 최민희는 결국 방송위원 자리를 포기하고 총선에 나가 국회의원이 되었다. 김홍일은 여당 추천 방송위원과 둘이서 모든 결정을 내렸다. 여당 추천 이사를 제외한 KBS 이사를 다 쫓아냈다. 윤석열은 자신을 추종한 박민을 KBS 사장에 임명했다. 박민은 시청률 높은 프로그램을 폐지하고 뉴스 진행자를 교체했다. 윤석열 찬양 신년 다큐를 제작 송출했다. 공영방송을 친윤 관영방송으로 개조했다. 국민은 KBS를 외면했다.

4년 전 총선 개표방송에서 압도적 1등을 했던 KBS가 이번에는 MBC의 절반 수준 시청률을 기록했다. 개표방송의 유튜브 실시간 접속자는 비교할 수도 없는 수준이었다. 부동의 1위였던 저녁 프라임타임 뉴스 시청자 수도 MBC에 따라잡혔다.

박정희·전두환 시대 KBS는 '정권의 나팔수' 또는 '군사독재의 기관지'였다. 정도가 덜할 뿐 평양방송과 다르지 않았다. 민주화를 계기로 KBS는 임직원들의 방송이 되었다. 대통령이 사장을 임명했고 여야 정당이 이사 선임에 영향을 미쳤지만 누구도 기자와 피디의 활동을 완전하게 통제하지는 못했다. 1990년 첫 파업부터 2017년 파업까지, 기자와 피디들은 여러 어려움을 뚫고 KBS를 '자신들의 방송'으로 만들었고 '국민의 방송'이라 했다.

수신료를 납부하는 나는 소비자로서 불만이 많다. 상업광고를 하지 않는 KBS1 채널만 이야기하겠다. 공영방송답지 않게 보도 기능이 빈약하다. 일일드라마와 오락 프로그램으로 민간 방송사와 경쟁한다. 품격 있는 교양 프로그램과 수준 높은 다큐 프로그램을 충분히 제공하지 않는다. 뉴스는 물에 물 탄 듯 술에 술 탄 듯 밋밋하다. 재난방송을 할 때 그나마 '국민의 방송' 같다.

KBS 임직원들 중에는 보수도 있고 진보도 있다. 자신의 지위를 개인적 이익을 얻는 데 쓰는 사람도 있고 공익을 도모하는 데 활용하는 사람도 있다. 성향이 극단적인 사람도 있고 그런 동료를 다독이며 가는 사람도 있다. 생각과 판단과 스타일과 정치성향이 제각각인 기자와 피디들이 서로 견제하고 타협하면서 균형을 지켰다. 그래서 뉴스와 다큐가 내 마음에는 들지 않았다. 하지만 나만 불만이 있는 건 아니라는 사실을 알았다.

윤석열은 '불만 있는 소비자'가 아니라 '격노한 권력자'였다. 하지만 KBS를 장악해서 좋아진 건 없었다. 화풀이는 했지만 정치적 이득을 얻지는 못했다. 이동관은 방송통신위원장으로 지명되자 이렇게 말했다. "선전 선동을 능수능란하게 했던 공산당의 신문 방송을 언론이 아니라 기관지라고 하는 것은 사실과 진실이 아닌 주장을 전하기 때문이다. 어떤 언론이 기관지인지는 국민이 판단할 문제이고 본인들이 잘 알 것이다." 평생 수신료를 내면서 가끔 KBS를 시청한 시민으로서, 어떤 언론이 기관지인지 내 판단을 말하겠다.

기관지는 몇 가지 특징이 있다. 첫째, 권력자를 비판하지 않는다. 심지어는 찬양한다. 둘째, 권력자를 비판하는 개인과 집단의 약점을 찾아 공격함으로써 권력 비판의 신뢰성을 무너뜨리려고 한다. 셋째, 권력자가 원하지 않는 것은 사실이라도 보도하지 않는다. 그러나 권력자가 원하면 사실을 날조하는 것도 망설이지 않는다. 어떤 신문과 방송이 떠오르는가? 적어도 예전의 KBS는 아니다. KBS가 그런 의미의 기관지였다면 윤석열이나 이동관이 화를 냈을 리 없다.

정치권력만 권력인 건 아니다. 경제권력, 언론권력, 검찰권력도 권력이다. 그런 권력은 5년짜리 정치권력과 달리 교체되지 않는다. 어떤 경제신문은 '재벌의 기관지'다. 어떤 신문과 그 신문사가 만든 종편 방송은 '오너의 기관지'다. 오너는 사회적 정치적 영향력을 키우고 이윤을 얻는 도구로 언론을 사용한다. 기자들은 오너의 이익을 해치지 않는 범위에서만 권력을 비판한다. 오너의 목적 실현에 도움을 주는 검찰권력이나 경제권력은 비판하지 않는다. 오너가 지지하는 윤석열과 국힘당에 대해서는 비판을 삼간다. 찬양할 기회가 있으면 적극 찬양한다.

대를 이어 경영권을 상속한 족벌언론, 건설업자가 대주주인 건설사언론, 대기업이 대주주인 경제신문들은 이동관 씨가 말한 기관지로 보는 게 맞다. 그 기관지의 직원은 '언론인'이 아니라 '선전일꾼'이라 하는 게 적절하다. 그들은 한국 사회의 기득권 복합체를 비판하는 모든 개인과 정치세력을 대중과 떼어놓기 위해 능수능란하게 선전 선동을 수행한다. 진보 시민단체와 민주당, 거기 속한 사람을 타격 대상으로 삼는다. 필요하면 언제든 사실을 왜곡하거나 부풀리고 진실을 은폐하며 정서적 혐오감과 적대감을 부추긴다. 그들이 생산한 기사로 넘쳐나는 포털의 뉴스 면을 보면 대한민국은 희망이 없다. 기사 수준이 너무 저열해서 정신을 온전하게 유지하려면 하루에도 몇 번씩 눈과 귀를 씻어야 할 판이다.

윤석열은 MBC도 기관지로 만들고 싶다. 방법은 간단하다. '민영화'를 내세워 재벌한테 던져주면 된다. 한두 해만 지나면 민영 KBS와 민영 MBC는 '족벌종편'과 별 차이 없는 극우방송으로 바뀌어 있을 것이다. 최근 박민의 KBS는 보도 부문에서 TV조선과 치열하게 경쟁한다. 그렇지만 여당 의석이 적어 법을 고칠 수 없기 때문에 공영방송을 민영화하지 못한다. 그래서 관영방송으로 만드는 차선책을 쓴다. 법원이 방문진 이사장 해임 효력을 정지시킨 탓에 MBC는 아직 장악하지 못했지만 포기하지 않는다. 권태선 방문진 이사장의 임기가 끝나는 8월에는 MBC를 KBS처럼 만들기 위해 마수를 뻗을 것이다.

나는 KBS가 훌륭한 공영방송이었다고 생각하지 않는다. 그런 방송이 되리라 기대하지도 않는다. 미디어 기술이 더 발전해 지상파 공영방송이 필요하지 않은 시기가 올 때까지 임직원들의 철학과 세계관과 이해관계를 고루 반영하는 방송으로 존속하면 될 것이라 본다. KBS를 장악해서 윤석열은 무엇을 얻었는가. 여당의 총선 참패를 가속했을 따름이다. 언론을 강제 통폐합하고 보도지침을 내려보내 모든 신문 방송을 정권의 기관지로 만들었던 전두환의 권력도 한 순간에 무너졌다. 한국일보 김주언 기자가 수집한 열 달치 〈보도지침〉을 〈월간 말〉이 폭로하고 1년도 지나지 않아 6월민주항쟁이 터졌다. 인터넷도 유튜브도 없었던 시대, 잡지와 유인물과 입소문만으로도 우리 국민은 그 일을 해냈다. 공영방송을 장악하는 것은 통나무 깎아서 젓가락 만드는 것처럼 힘들다는 것을, 장악해 봤자 득 될 일도 없다는 사실을 그는 뒤늦게야 깨달을 것이다.

윤석열은 전두환과 비슷한 데가 많아서 평행이론이 나올 만하다. 전두환은 군부 쿠데타로, 윤석열은 검찰 쿠데타로 직속상관을 공격해 권력을 차지했다. 전두환이 극소수 정치군인을 권력의 핵심으로 삼았던 것처럼, 윤석열은 극소수 정치검사를 권력 핵심에 기용해 권력을 운용한다. 둘 모두 야당을 불순세력이라 여기며 자신의 생각이 절대적으로 옳다고 확신한다.

두 사람 모두 좌파가 장악한 언론을 정상화해 여론을 바로잡겠다면서 표현의 자유를 탄압한다. 부부가 함께 민중의 조롱을 받는다는 것도 닮았다. 그러나 한 가지는 크게 다르다. 전두환은 물리적 폭력으로 반대세력을 고문하고 죽였지만 윤석열은 기껏해야 검찰 수사권과 기소권으로 괴롭힐 뿐이다. 그런 것만 가지고는 국민의 저항을 억누르지 못한다. 윤석열은 전두환만큼 기괴하지만, 힘과 능력은 전두환에 닿지 못한다.

학습 능력
결여

엽기적인 연설문 작성법

윤석열은 무능한 독재자가 아니다. 독재자처럼 행동하는 무능한 대통령이다. 이것도 심각한 문제지만 더 심각한 것은 개선 가능성이 보이지 않는다는 점이다. 사람은 일을 하면서 배운다. 영원한 초보운전자는 없다. 난폭 운전자도 마음을 고쳐먹고 운전 습관을 바꾸면 모범 운전자가 될 수 있다. 학습 능력이 있으면 사람은 발전한다. 윤석열도 더 유능하고 민주적인 대통령이 될 수 있다. 그런데 전제가 있다. 학습할 의지와 능력이 있어야 한다.

자신이 모르는 게 많다고 생각하면 학습 의지가 생긴다. 여기에 학습 능력이 더해지면 실력을 향상할 수 있다. 윤석열한테 그런 게 있는가? 없다고 말할 수는 없다. 그렇지만 있다는 증거 또한 없다. 2년 동안 보이지 않았으면 없다고 추정하는 게 합당하다. 성찰하지 않으면 자신이 무엇을 알고 무엇을 모르는지 알 수 없다. 학습 의지가 생기지 않는다. 학습 의지가 없으면 학습 능력도 기를 수 없다. 영원히 어리석은 상태에 머물게 된다. 최고 권력자가 그런 사람이면 국정은 엉망이 된다. 시간이 가도 나아지지 않는다.

그가 바로 그런 사람이다. 이제는 많은 국민이 안다. 서울 법대 출신인데 설마! 그런 말은 맞지 않다. 스무 살 때 대학 입시를 잘 본 청년이라고 해서 예순네 살에 현명한 사람이 된다는 보장은 없다. 검찰총장 자리까지 간 사람이라도 평생 법전과 소송서류만 들여다보았으면 무식할 수 있다. 독서가 아니라 음주가 생활의 중심인 경우에는 남들보다 일찍 지적으로 퇴화할 수 있다. 윤석열은 학습 능력을 완전히 상실했는지도 모른다.

평검사 시절 국회에 나온 윤석열은 소신이 뚜렷했다. 하지만 똑똑해 보이지는 않았다. 그러면 어때, 검사가 정권 눈치 보지 않고 법대로 수사 잘하면 됐지. 다들 그렇게 넘겼다. 하지만 검찰총장이 되자 차원이 다른 문제를 드러냈다. 조국 수사 때 그는 전두환처럼 폭주했다. 이의를 제기하는 사람과 토론하지 않았다. 나는 불안한 마음으로 그의 언행을 관찰했다.

생방송 텔레비전 토론에서 윤석열 사단 검사들이 전두환 신군부의 정치군인과 비슷하다고, 윤석열이 검찰권으로 대통령의 인사권을 침해하는 쿠데타를 벌인다고 비판했다. 그 자신이 쓴 표현으로 하면, 윤석열과 윤석열 사단 검사들은 '수사권과 기소권을 가진 깡패'였다.

대통령 후보 시절 그는 정책과 정치에 대한 무지와 무감각을 확실하게 드러냈다. 밀턴 프리드먼의 책 말고는 독서 이력이 전혀 나오지 않았고, 책보다 〈제5공화국〉 같은 정치드라마를 열심히 보았다는 사실은 나중에 알려졌다. 그를 지지한 비평가들은 대통령이 똑똑하지 않아도 머리를 빌리면 된다고 했다. 유능한 사람들의 보좌를 받으면 수준 높은 의사결정을 할 수 있다고 주장했다. 나는 그가 똑똑하지 않을 뿐만 아니라 남의 말을 경청하지 않는다고 보았다. 혼군(昏君)에 그친 박근혜와 달리 폭군(暴君)이 될 위험이 있다고 판단했다.

취임사를 보니 정말 그랬다. '무지성(無知性)' 분위기가 물씬 풍겼다. 개인 윤석열의 지적 수준을 있는 그대로 보여주었다. 정권 인수위원회에 실력 있는 참모가 없거나 대통령이 당선자 시절부터 만사를 자기 마음대로 한 경우가 아니라면 일어날 수 없는 일이었다. 취임사 상태가 너무 심각해서 두 번째 경우가 아닌지 의심했다. 지나고 보니 그랬다. 그는 남의 머리를 빌릴 머리가 없다. 누가 쓸 만한 사람인지 알아볼 능력이 없다. 말과 행동을 자기 수준에서 마음 내키는 대로 한다. 정부의 모든 행정을 자신의 수준으로 끌어내렸다. 의대 정원 확대 정책이 대표 사례다. 대통령 경력이 2년인데도 실력이 전혀 늘지 않았다. 남은 3년도 제자리일 것이다. 무지는 현재의 문제이고, 학습 능력 결여는 미래의 문제다. 다음과 같은 취임사의 총론이 그럴 것임을 예고했다.

"세계는 코로나19 대유행, 기후변화, 교역질서와 공급망의 재편, 식량·에너지 부족, 무력분쟁 등 글로벌 난제에 직면했다. 개별 국가는 초 저성장, 실업, 양극화로 인해 공동체의 위기를 겪고 있다. 문제를 해결해야 할 정치는 민주주의 위기 때문에 잘 작동하지 않는다. 반지성주의가 민주주의를 위기에 빠뜨렸다. 합리주의와 지성주의는 과학과 진실을 전제로 이견을 조정하고 타협한다. 그러나 반지성주의는 집단적 갈등으로 진실을 왜곡하고 각자 믿고 싶은 사실만 선택하며 다수의 힘으로 이견을 억압한다. 국내외의 위기와 난제를 해결하려면 무엇보다 보편적 가치인 '자유'를 정확하게 인식 공유해야 한다."

의례적 인사말 바로 다음에 나왔기에 취임사의 총론이라고 했다. 그가 읽은 그대로는 아니다. 하도 어수선해서 문장을 다듬었다. 발언 취지는 털끝 하나 바꾸지 않았다. 의심스러우면 취임사 원문과 비교해 보라.

언어는 존재의 집이다. 언어는 자아를 보여준다. 윤석열의 정신세계를 파악하는 데는 취임사만큼 좋은 게 없다. 여러 국가 기념일 기념사도 같은 문제를 안고 있었다. KBS의 신년 다큐 내용과 언론이 보도한 용핵관의 전언에 따르면 연설 비서관은 받아쓰기 말고는 한 일이 없다. 엽기적이다. 어느 대통령도 연설문이나 기념사를 그런 식으로 준비하지는 않았다.

취임사에서 반지성주의를 비판하고 자유를 강조한 것을 두고 논리의 앞뒤가 없다거나 의미가 분명하지 않다는 지적이 나왔지만 나는 달리 본다. 윤석열이 그렇게 옳은 말을 한 경우는 없었다. 우선 현실 상황을 정확하게 진단했다. '코로나19 대유행, 기후변화, 교역질서와 공급망의 재편, 식량·에너지 부족, 무력분쟁 등'이 중요한 글로벌 난제라는 데 누가 동의하지 않겠는가. '초 저성장, 실업, 양극화'로 개별 국민국가들이 내부 위기에 빠졌다는 인식 역시 적확했다. 그 정도는 누구나 다 안다고? 맞다. 그래서 중요하다는 것이다. 누구나 아는 것을 대통령이 모른다면 나라가 어찌 되겠는가.

문제를 해결하기 어려운 이유도 제시했다. 글로벌 난제 해결은 국제정치의 과제이고 개별 국가의 문제는 그 나라 정치의 몫이다. 그런데 국제질서를 주도하는 국가는 대부분 민주주의 정치체제를 운영한다. 중국만 예외다. 우크라이나를 침략해 국제경제를 혼돈에 빠뜨린 러시아도 다수 국민이 마음

먹으면 합법적 평화적으로 정권을 교체할 수 있다는 점에서는 민주주의 국가로 보는 게 맞다. 모든 나라의 민주주의가 제대로 작동하면 글로벌 난제도 더 잘 해결할 수 있다. 그런데 현실에서는 잘되지 않는다.

민주주의가 제대로 작동하지 않은 이유도 정확하게 짚었다. 민주주의는 지성주의와 합리주의를 요청한다. '과학과 진실을 전제로 이견을 조정하고 타협'하면 민주주의는 효율적이고 유능한 정치를 실현한다. 그러나 '집단적 갈등으로 진실을 왜곡하고 각자 믿고 싶은 사실만 선택하며 다수의 힘으로 이견을 억압'하는 반지성주의가 대세를 이루면 민주주의는 무너지고 정치는 무능해진다. 전적으로 옳은 말이다. 하지만 처방이 터무니없었다. 자유의 가치를 정확하게 인식 공유해야 한다는 처방은 타당하지도 않았고 국민이 받아들이지도 않았다. 문장을 지나치게 압축한 탓에 의미를 제대로 전하지는 못했지만, 나는 윤석열이 이렇게 말하고 싶었으리라 추측한다.

"인간은 완전한 진리를 알 수 없다. 우리가 진리에 가깝게 가려면 자유를 최대한 보장해야 한다. 권력 가진 자와 사회 구성원 다수가 옳지 않다고 판단하는 의견도 진리일 가능성이 있으므로 자유롭게 말할 수 있게 해야 한다. 모든 개인과 집단은 자신의 요구를 두려움 없이 표현할 수 있어야 한다. 그들을 대변하는 여러 정치세력은 상대를 존중하면서 의견을 경청하고 이해관계를 조정하고 절충해서 합의를 거두려고 노력해야 한다. 다수결로 하는 의사결정은 소수파를 충분히 존중할 때 정당하다. 모두가 자유라는 보편적 가치를 이해하고 자유를 실천하면 반지성주의는 발을 붙이지 못한다."

어떤가? 옳은 말 아닌가. 1963년 퓰리처상을 받은 역사학자 호프스태터(Richard Hofstadter)가 『미국의 반지성주의(Anti-intellectualism in American Life)』(유강은 옮김, 교유서가, 2017) 제1장 「우리 시대의 반지성주의」에서 말한 바에 따르면, 반지성주의는 이념이 아니라 감정과 태도의 복합체다. 어떤 말로 정의하든 반지성주의가 반드시 포함하는 요소가 있다. 고귀한 가치나 이상을 추구하는 삶의 태도를 의심하고 경멸하고 혐오하는 감정, 비판적 지식인을 배척하는 태도다. 반지성주의가 국가권력과 결합하면 독재와 전체주의로 나아간다. 히틀러, 스탈린, 마오쩌둥, 폴 포트 같은 독재자는 모두 지식인을 박해하고 죽였다.

우리나라도 마찬가지였다. 박정희·전두환 군사독재 정권은 지식인을 구금하고 고문하고 죽였다. 미국도 그런 시대가 있었다. 매카시 상원의원이 종이쪽지를 흔들면서 "여기 미국 정부와 의회에서 암약하는 소련 스파이 명단이 있다"라고 거짓말을 한 데서 시작한 반공주의 광풍은 여러 해 동안 미국의 지식인 사회를 목 조르고 이성적 토론을 중단시켰다. 공직

사회부터 대학과 영화계까지 모든 분야에서 빨갱이 사냥이 벌어졌다. 야당과 국회와 언론과 시민사회가 맞서 싸운 덕에 매카시즘 광풍이 오래 지속하지는 않았다. 하지만 미국 사회가 헌법의 가치를 스스로 파괴한 그 사태는 무겁고 긴 후유증을 남겼다.

윤석열의 반지성주의 비판은 결과적으로 반지성을 넘어 무지성에 이른 권력 행사와 정치적 행정적 무능에 대한 자기비판이 되었다. 그는 진영을 갈라 진실을 왜곡했다. 자신이 믿고 싶은 것을 사실로 믿었다. 국가권력으로 표현의 자유를 억압했다. 경쟁자 이재명을 물리적으로 제거하려고 했다. 야당과 비판세력을 민주주의 파괴자라고 비난했다. 자신이 취임사에서 비판했던 반지성주의자임을 스스로 증명해 보였다.

무지성(無知性) 대통령

국민을 바보로 아느냐고 윤석열을 비난하는 사람들이 있다. 그건 오해다. 윤석열은 국민을 바보로 아는 게 아니라 자신이 바보다. '바이든은 쪽팔려서 어떡하나.' 분명 그렇게 말해 놓고서는 방심위를 시켜 MBC를 징계하고 대통령의 명예를 훼손했다며 소송을 걸었다. 정말 '날리면'이라고 했다면 어떤 맥락에서 왜 그런 말을 했는지 설명하면 될 일인데도 끝까지 아무 해명도 하지 않았다. 무슨 말을 했는지 기억하지 못해서 그랬을 수도 있다. 그렇다면 더 심각하다. 대통령의 인지 장애는 보통 문제가 아니다.

윤석열은 의전 실수가 잦다. 단순 실수가 아니라 인지 장애 현상일 수도 있다. 국군 행사에서 '부대 열중쉬어'를 하지 못했다. 같은 일이 반복되자 아예 군 지휘관이 대신하게 했다. 메모를 보지 않으면 방명록에 한 문장을 적지 못한다. 카메라에 잡히지 않게 서명 받침대 구석에 숨긴 메모지가 선글라스에 비치는 바람에 들킨 경우도 있었다. 영국 국빈방문 때는 붉은 양탄자를 깔아둔 다우닝가 10번지 총리 관저를 지나쳤다. 맞은편에 수십 명의 기자가 카메라를 겨누고 있었는데도 그랬다. 기자와 수행원들이 안내했더니 기념촬영도 하지 않고 집 안으로 들어가려 했다. 김건희와 함께 아홉 달 만에 대중 앞에 나타났던 양주 회암사 사리반환 행사에서도 일정이 끝나기 전에 승용차에 타려고 했다. 김건희가 팔을 붙들고 손가락으로 등을 밀면서 이동했다. 그럴 때는 '나는 누구이고 여기는 어디인지' 모르는 사람 같다.

민주주의 정치는 말로 한다. 고대 아테네에서 최초의 민주주의가 생겼을 때부터 그러했다. 대통령은 말과 글로 국정 비전과 계획을 밝히고 야당의 협조와 국민의 지지를 구해야 한다. 이루려는 목표, 현재의 상황, 목표를 달성하기 위한 정책 수단, 예상 효과와 부작용, 부작용을 줄이고 효과를 키우는 데 필요한 보완책, 고통 분담 방안 등을 말하고 합의를 도모해야 한다. 현실 진단이 타당한지, 설정한 목표가 적절한지, 정책 수단은 합리적인지, 고통의 분담은 적정한지 따지는 비평가의 견해를 참고해서 야당과 절충하고 타협해야 한다.

하지만 윤석열은 말이 아무 의미가 없다. 취임사에서 비판했던 반지성주의 행동을 자신이 한다. 설마 알면서 그렇게 하겠는가. 몰라서 그러는 게다. 모르면 말과 행동이 상충할 수 있다. 그것 말고는 해석할 길이 없다. 그는 반지성주의자가 아니라 '무지성'이다. 그냥 뭘 모른다. 그런데도 언론은 모른 체한다. 2022년 5월 8일까지 시퍼렇게 날이 섰던 기자들의 비판 정신은 윤석열 취임과 동시에 사라졌다. 김건희 주가조작 의혹을 문재인 정부 검찰이 탈탈 털었는데도 기소조차 하지 못했다는 그의 주장을 반박하지 않는다. 검찰은 김건희를 건드린 적도 없다. 소환조사 한 번 하지 않았다. 남편이 검찰총장인데, 감히 어느 검사가 그렇게 했겠는가. 윤석열은 논리의 앞뒤가 맞지 않고 사실이 아닌 주장을 진지하게 한다. 거짓말을하는 게 아니라 정말 그렇게 믿고 말한다.

일본의 후쿠시마 원전 방사능 오염수 방류에 대한 태도 역시 같은 맥락에서 이해할 수 있다. 어떤 이들은 친일파라 그런다고 하지만 나는 무지성 때문이라고 본다. 그는 후쿠시마의 사고 원전에서 나온 핵 오염수에 어떤 방사성 물질이 들어 있는지 모른다. 오염수의 유해성 여부를 판정하는 기준과 해양 방류의 윤리적 쟁점에 대해서도 아는 바가 없다. 그러면서도 핵 오염수 해양 방류에 반대하는 사람을 가리켜 '1 더하기 1을 백이라고 한다'라고 비난했다. 그는 심각한 다툼이 있는 과학적 쟁점을 그런 방식으로 처리한다. 정보를 공유하고 논리의 규칙에 따라 토론하는 게 아니라 의견이 다른 사람을 머저리라고 비난한다. 자신이 머저리면서.

후쿠시마 원전의 핵 오염수에는 삼중수소(三重水素)와 세슘·스트론튬·플루토늄 등 여러 원소의 방사성 동위원소가 들어 있다. 도쿄전력과 일본 정부는 사고 원전이 어떤 상태인지 정확하게 파악하지 못했으며 아는 정보도 제때 공개하지 않았다. ALPS(다핵종제거설비, Advanced Liquid Processing System의 약자)라는 장비로 삼중수소를 제외한 방사성 물질을 다 걸러냈다고 주장하지만 그 장비는 국제적 검증을 받은 적이 없다. 국제원자력기구(IAEA)는 그 물이 안전하다는 보고서를 냈지만 내용에 대한 책임을 지지는 않겠다고 했다. 바다에 희석하면 해롭지 않다는 일본의 주장이 옳다고 해도 해산물 먹는 것이 왠지 찜찜했는데 일본 근해 물고기의 세슘 농도가 네 배 올랐다는 언론 보도가 나온다. 그런데도 일본 정부를 비판하는 사람을 윤석열은 '반일감정을 선동하는 공산전체주의 추종자'라고 비난했다.

널리 인정하는 견해에 따르면 과학은 지식의 집합이 아니라 마음의 상태다. 물질의 증거와 객관적 사실을 근거로 논리의 규칙에 따라 생각하고 추론함으로써 대상의 실체에 다가서는 태도가 과학이다. 윤석열한테서는 과학 비슷한 것도 찾아볼 수 없다. '완성형 권력자'여서 그 무엇도 배우고 익히지 않는다. 취임 2주년 기자회견을 앞두고 국민보고문을 읽은 윤석열은 취임식장의 윤석열과 한 치도 다르지 않았다.

그는 말을 할 때 문장을 끝맺지 않고 다음 문장으로 넘어가곤 한다. 원고가 없으면 늘 그렇다. 2023년 8월 28일 국힘당 국회의원 연찬회 연설이 좋은 사례다. 처음부터 끝까지 말이 되지 않는 표현과 문장이 너무 많아, 어느 단락도 그대로 인용할 수 없을 정도였다. 어쩔 수 없이 취지를 건드리지 않는 범위에서 어휘와 문장을 다듬어 일부를 소개한다.

"국가의 정치적 지향과 가치에서 중요한 게 이념이다. 철지난 이념이라 하면 안 된다. 나라를 제대로 이끄는 데 필요한 철학이 이념이다. 우리 당은 이념보다 실용을 추구한다고 하지만 철학과 방향이 분명하지 않으면 실용도 없다. 새가 날아가는 방향이 정해져 있어야 왼쪽 오른쪽 날개인 보수와 진보가 힘을 합쳐 성장과 분배로 발전한다. 우리는 앞으로 가려고 하는데 뒤로 가겠다고 하면 협치를 할 수 없다. 정치에는 타협이 필요하지만 어떤 가치로 할 것인지 우리 스스로 국가 정체성을 성찰하고 확고한 방향을 잡아야 한다."

　무슨 말인가? "내가 절대적으로 옳다. 모든 일을 내 생각대로 해야 나라가 잘된다. 야당은 뒤로 가려는 세력이니까 대화할 필요가 없다." 그런 주장이다. 그런데 그는 자신의 이념이 어떤 것인지 말하지 않았다. 말을 많이 했지만 내용이 없고 의미와 맥락을 짐작하기 어렵다. 박근혜도 그 정도는 아니었다. 그런데도 그는 자신이 똑똑하고 현명하며 유능하다고 믿는다. 사람은 누구나 그런 경향이 있으니 마냥 나무랄 수만은 없다.

　미국 심리학자 데이비드 더닝과 저스틴 크루거는 1999년 대학생을 대상으로 실시한 흥미로운 실험 결과를 발표했다. 사람은 특정 분야에서 자신의 지식과 능력을 과대평가하는 경향이 있다는 사실을 확인한 논문이었다. 이런 경향은 상대적으로 덜 똑똑하고 덜 유능한 사람들한테서 더 뚜렷하게 나타났다. 반면 자기 자신의 생각과 감정을 직시하는 능력 또는 자신이 아는 것과 모르는 것을 구분하는 능력이 뛰어난 사람들은 자신의 지적 수준과 능력을 과소평가했다. 이것을 '더닝-크루거 효과'라고 한다. 이 현상에 대해 더 자세히 알고 싶다면 『포스트 트루스』(리 매킨타이어 지음, 김재경 옮김, 두리반, 2019)를 참고하시라.

　더닝-크루거 현상의 극단에는 '너무나 어리석은 나머지

자신이 어리석다는 사실을 인지하지 못하는' 사람들이 있다. 역사는 그런 사람이 권좌에 올랐을 때 끔찍한 비극이 벌어진 다는 것을 거듭 보여주었다. 역사가들의 관찰과 연구에 따르 면 히틀러와 스탈린은 원래 그랬고 마오쩌둥도 나이가 든 뒤 그렇게 되었다. 우크라이나 전쟁도 푸틴과 젤렌스키가 '자신 이 얼마나 어리석은지 모를 정도로 어리석은' 사람이어서 벌 어졌다.

윤석열도 그런 범위에 드는 것 같다. 대한민국은 총체적 난국을 맞았다. 인구가 줄어들고 경제성장률은 크게 하락했 다. 금리와 물가는 올랐고 무역수지가 급격하게 나빠졌다. 민 간가계와 기업부채가 빠른 속도로 증가하고 있다. 정치는 내 전을 방불케 하는 적대적 대립에 휩쓸렸다. 국민은 분열되었 고 양쪽 모두 정부와 언론을 불신한다. 도심 축제의 질서 유지 부터 장마철 재난예방, 전자 정부 시스템 유지와 해양 방사능 오염 대처까지 정부가 일을 제대로 하는 분야가 하나도 없다. 남북관계는 냉전 시대로 회귀했다.

그런데도 윤석열은 자신과 가족과 측근의 이익을 지키 는 일에 국가권력을 동원한다. 시민들은 자신의 무능함을 인 지하지 못할 정도로 무능한 대통령이 권력을 마음껏 휘두르게 방치하면 대한민국과 한반도에 어떤 일이 생길지 걱정한다. 윤석열은 어떤 위험이 기다리고 있는지 알지 못한 채 불확실

한 미래로 걸어간다. 국정수행을 부정 평가하는 시민들은 그
가 앞으로 나아지리라는 기대를 하지 않는다.

비굴한
사대주의

국민을 모욕하는 외교

윤석열은 취임 2주년 기자회견에 앞서 국민보고회를 할 때 'The Buck Stops Here'라고 쓴 명패를 앞에 놓았다. 트루먼 미국 대통령 어록을 적은 그 명패는 바이든이 준 선물이다. 언론은 뜻을 알지 못하는 국민을 위해 문장과 명패의 유래를 설명하기에 바빴다. '내가 책임을 진다'는 뜻이라고 한다. 대한민국 대통령이 영어 문장을 앞에 두고 국민보고회를 하다니, 왠지 비굴해 보이지 않는가.

그는 강자에게 약하고 약자한테 강하다. 그런 비굴함도 어리석음에서 나왔다. 용산 대통령실 도청 의혹 처리 과정을 보라. 미국 언론은 2023년 4월 미국 정부가 국가 비밀문서를 유출한 용의자를 체포했다고 보도했다. 비밀문서에는 대한민국 정부에 관한 정보도 있었다. 한국 정부는 미국에 155밀리 포탄을 제공했다. 2022년 10만 발을 판매했고, 2023년에는 50만 발을 빌려주기로 했다. 미국 정부가 한국산 포탄을 직접 우크라이나에 주었는지, 아니면 미군이 창고에 있던 포탄을 우크라이나에 주고 한국 포탄으로 재고를 채웠는지는 확실치 않았다. 어쨌든 분쟁지역에 살상무기를 수출하지 않는다는 한국 정부의 외교 원칙을 파기하고서도 국민에게 숨겼다는 사실이 드러났다. 그런데도 윤석열은 아무 해명을 하지 않았다.

비밀문서에는 포탄 제공 사실보다 더 민감한 정보가 있었다. 대통령실 외교안보팀 핵심이었던 안보실장과 외교비서관이 그 문제를 두고 나눈 대화에 관한 정보였다. 미국 정부는 그걸 어떻게 알았을까? 과거 청와대 평화 · 군비통제비서관과 외교부 차관으로 일하면서 미국을 상대한 경험이 있는 연세대 정치외교학과 최종건 교수가 〈김어준의 겸손은 힘들다 뉴스공장〉에서 설명했다. 그 문서에는 'TS/SI-G/OC/NF'라는 분류코드가 있었다.

유출 문서는 미국 합동참모본부 보고서였다. 분류코드의 TS는 '최고등급비밀(Top Secret)'이고, SI는 '통신을 가로채' 얻은 정보라는 표시다. G는 '국가원수에 관한 내용'을 포함하고 있다는 뜻이다. OC는 '문서 작성자가 정보를 가공해(Originator

Controlled)'출처를 감추었다는 것이고, NF는 '동맹국을 포함해 어떤 나라와도 정보를 공유하지 말라(Not releasable to Foreign nationals)'는 지시다.

대통령을 자문하는 합참의 최고 등급 비밀문서 분류코드에 오류가 있을 가능성은 희박하다. 이것은 미국 정보기관이 대한민국 대통령실 외교안보 책임자들의 전화 통화나 대화를 도청(盜聽)했다는 증거다. 언론은 '도·감청'이라는 말을 사용해 문제의 본질을 감추려고 했다. 감청(監聽)은 권한을 가진 국가기관이 법원의 영장을 받아 누군가의 통신을 엿듣는 행위를 말한다. 미국 정보기관이 한국 대통령 참모들의 통신을 몰래 엿들은 행위는 감청이 될 수 없다. 미국 정보기관은 용산 대통령실을 도청했다. 대한민국의 법률을 짓밟고 주권을 훼손했다.

놀랄 일은 아니다. 도청은 미국 정보기관의 일상 업무다. 독일과 프랑스를 비롯한 유럽연합 주요국 국가원수의 휴대전화 도청 사실이 드러난 적도 있다. 닉슨·레이건·부시처럼 호전적인 대통령 정부만이 아니라 케네디·카터·클린턴·오바마 같은 진보 대통령 정부도 했다. 지금 이 시각에도 중앙정보국(CIA)을 비롯한 미국 정보기관들은 용산 대통령실과 국방부의 고위 인사들을 도청하고 있을 것이다. 윤석열 가족과 측근들에 관한 믿기 어려운 소문의 진위를 미국 정부의 비밀문

서로 확인하는 날이 올지도 모른다.

　미국 정부는 사과하지 않았다. 도청 사실을 명시적으로 인정하지도 않았다. 윤석열도 아무 말 하지 않았다. 미국은 왜 동맹국을 도청할까? 적국을 상대로 정보를 수집할 때 수단 방법을 가릴 필요가 없다는 것을 누구나 인정한다. 그러나 동맹국에 대해서는 다르게 생각할 수 있다. 대답은 분명하다. 적국이든 동맹국이든 도청할 수 있으면 한다. 국제관계는 원래 그렇다. 고대 그리스부터 21세기 지구촌까지, 국제사회에서는 '강자의 이익'이 정의로 통한다.

　집단은 양심이 없다. 개인은 이기적인 동시에 이타적이지만 집단은 그렇지 않다. 집단은 크면 클수록 이기적으로 행동한다. 가장 크고 강력한 집단이 국가다. 국가를 운영하는 정부와 정부를 구성하는 권력자들의 책무는 국가의 이기성을 실현하는 것이다. 힘과 능력만 있으면 국가는 무엇이든 한다. 미국은 19세기에 다른 나라의 식민지를 힘으로 빼앗았다. 20세기에는 베트남을 침략했고 군사쿠데타를 배후조종해 칠레를 비롯한 여러 나라의 민주정부를 전복했다. 21세기에는 국내법으로 국제무역의 규칙을 짓밟는다. 특별히 나쁜 국가라서 그런 게 아니다. 미국에 앞서 세계를 호령했던 대영제국이나 냉전 시대 소련은 더한 짓을 했다. 러시아나 중국이 미국처럼 힘이 세다면 더 못된 행동을 할 것이다.

미국 정보기관은 돈이 많고 기술이 뛰어나다. 러시아 · 중국 · 이란 · 북한 같은 적대적 국가뿐만 아니라 영국 · 프랑스 · 독일 같은 나토 동맹국 요인들까지 도청한다. 한국 대통령실과 정부기관을 예외로 둘 이유는 없다. 다른 나라도 미국에 대한 정보를 몰래 수집한다. 돈이 부족하고 실력이 모자라서, 발각될 경우 당할 보복이 두려워서 미국처럼 하지 못할 뿐이다. 중국이나 일본 정보기관도 우리 대통령실을 도청하려고 애쓰고 있을 것이다.

국가안보실 김태효 1차장을 비롯한 대통령실 관계자들은 유출된 비밀문서를 허위문서라고 거짓 주장을 하다가, 나중에는 악의를 가지고 도청하지 않았다며 미국 정부를 두둔했다. 미국의 야비한 행위와 대통령실의 무능을 비판하는 야당과 '일부' 언론에게 한미동맹을 훼손하지 말라고 소리를 질렀다. 도청 피해자인 윤석열과 집권세력은 왜 가해자를 두둔할까?

윤석열과 외교안보 참모들이 친미 사대주의자라서 그랬다는 해석이 있다. '사대주의'가 무엇인가? 미국은 단순한 동맹국이 아니라 세계 최강의 군사력을 보유하고 천문학적 군사비를 지출하는 이른바 '천조국(千兆國)'이다. 우리의 국가안보를 튼튼히 하려면 미국과 좋은 관계를 유지해야 한다. 때로는 억울해도 참아야 하고 내키지 않는 일도 함께 해야 한다. 미국

을 강대국으로 예우하면서 비위를 맞추어야 한다. 강대국을
이렇게 대하는 것을 '사대(事大)'라고 한다.

모든 국가가 주권이 있다고 하지만 힘은 천차만별이다.
국제법은 세계정부가 없어서 구속력이 약하다. 거인의 횡포를
꼬마는 막지 못한다. 미국은 압도적인 힘을 가진 거인이다. 중
국·러시아·유럽연합 등은 버금가는 거인이다. 일본도 나름
힘자랑을 한다. 일본은 어떨지 모르겠으나 중국과 러시아는
우리가 감당하기 버거운 이웃이다. 미국은 동아시아의 패권을
지키려고 일본과 한국을 파트너로 삼았다. 우리는 한미동맹에
기대어 중국·러시아를 상대한다.

한국은 경제 선진국이고 군사강국이다. 그러나 우리보다
크고 군사력이 센 나라가 주변에 포진하고 있다. 그래서 '사
대'를 한다. 미국에 대해서는 특히 그렇다. 문제는 미국이 아
니라 한국 여론이다. 미국에 대해 조금만 싫은 소리를 해도 위
험인물 취급을 한다. '사대'는 생존의 방편일 뿐이다. 부끄럽게
여길 필요는 없다. 통일 신라 이후 우리가 '사대'를 하지 않은
적은 없었다. 어떤 중국인은 조선을 명과 청의 속국이었다고
하지만 우리는 생존의 방편으로 '사대'를 했지 마음으로 굴복
하지는 않았다. 미국에 대해서도 마찬가지다.

'사대주의'는 다른 문제다. '사대'를 생존의 방편이 아니
라 도덕적 가치로 여기는 것이 사대주의다. 살기 위해 '사대'

를 하는 게 아니라 옳다고 믿어서 '사대'를 하는 것이다. 윤석열은 사대주의자인가? 그런 것 같다. 그는 후보 시절 북한이 침략해올 경우 무엇을 가장 먼저 하겠느냐는 질문을 받고 미국 대통령에게 전화를 하겠다고 대답했다. 주권국가의 대통령 후보라면 먼저 군 지휘부를 소집해 전투명령을 내린 다음 미국 대통령에게 전화를 걸어 지원을 요청하겠다고 하는 게 맞다.

그는 미국 의존 심리가 있다. 그래서 도청을 당하고도 화내는 시늉조차 하지 않는다. 꼭 화를 내라는 게 아니다. 화를 낸다고 해서 미국 정보기관이 도청을 그만둘 리 없다. 문제는 대통령실과 국방부를 비롯한 안보관련 부처에 대한 강력한 도청 방지 조처를 했다는 말이 들리지 않는다는 것이다. 조처를 했는데도 국가기밀이라 내가 모르고 있다면 다행이다. 하지만 아무래도 그런 것 같지 않다. 윤석열은 2023년 8월 2일 우즈베크 출장 중이던 국방부장관 이종섭에게 비화폰도 아닌 개인 휴대전화로 관저에서 전화를 했다. 채해병 순직 사건 수사에 외압을 행사하기 위해서였을 것으로 추정한다. 시민사회수석을 지낸 강승규는 비화폰은 들어본 적도 없다면서 윤석열이 장관들과 일반 휴대전화로 통화한다고 말했다. 노력해도 도청을 막지 못할 수는 있지만 알면서도 무기력하게 당하는 것은 비난받아 마땅하다. '굴종을 미덕으로 여기는 사대주의자'가 아니라면 그렇게 하지 않는다. 대통령의 사대주의는 국민에게 모욕감을 준다.

육군과 육사의 뿌리

육군사관학교 교정의 독립운동가 흉상을 이전한 행위도 같은 맥락에서 이해할 수 있다. 문재인 정부 때 육사가 교정에 세운 흉상의 주인공은 일본을 상대로 전쟁을 벌였던 홍범도·김좌진·지청천·이범석 장군과 신흥무관학교를 세워 독립군을 양성한 이회영 선생이다. 국방부장관 신원식은 '조국수호 반공전사 양성'이 육사의 본질적 기능이자 정체성이라고 주장했다. 한덕수와 국힘당 정치인들은 홍범도 장군의 독립운동 공적은 인정하지만 소련공산당에 가입한 이력 때문에 육사의 정체성에 부합하지 않는다고 했다. '한국전쟁 영웅' 백선엽 흉상을 육사 교정에 세우자는 주장도 했다.

이종찬 광복회장은 독립운동 선열들이 신흥무관학교를 세워 독립군을 양성한 것이 1940년 9월 17일 대한민국임시정부의 광복군 창설로 이어졌다는 사실을 들어 국군의 뿌리가 의병-독립군-광복군임을 강조하고 일제의 머슴 노릇을 한 이들을 국군의 원조라고 치켜세우는 현실을 개탄했다. 용핵관들은 윤석열이 비공개 국무회의에서, 어떻게 하자고 하진 않겠지만 어떤 게 옳은지 한 번 생각해 볼 필요는 있다고 했다는 말을 언론에 흘렸다. 그의 생각은 말하지 않아도 안다. 국방부와 육사가 대통령의 뜻을 거슬러 일을 벌였겠는가.

육군과 육사는 어디에 뿌리를 두었는가? 이승만 대통령이 임명한 초대 육군참모총장부터 박정희 대통령이 서거한 1979년의 22대 총장까지 정부 수립 이후 30여 년 동안 19명의 장군이 육군을 조직하고 지휘했다. 열넷은 일본군이었고 셋은 일제 괴뢰국가 만주국의 군 경력이 있었다. 계급은 대좌(대령)부터 하사관과 간부 후보생까지 다양했다. 일본군이나 만주군 경력이 없는 사람은 20대 노재현 장군과 22대 정승화 장군뿐이었다. 육군사관학교는 달랐다. 육사는 정부 수립 이전인 1946년 4월 '국가경비대사관학교'로 문을 열었다. 짧은 기간 재직했던 초대부터 3대까지 교장과 5대 교장은 일본군 출신이었지만 4대 교장과 6~9대 교장은 광복군이었다. 역사적 사실은 말한다. 육군의 뿌리는 일본군이고 육사의 뿌리는 일본군인지 광복군인지 확실하지 않다.

이제 질문을 바꾸자. 육군과 육사는 어디에 뿌리를 두어야 하는가? 이것은 당위 또는 지향에 관한 질문이니 역사의 사실이 아니라 헌법에 의거해 대답해야 한다. 우리는 각자의 신념과 가치관에 따라 다른 주장을 할 수 있다. 하지만 육사 교정에 특정한 역사 인물의 흉상을 세우거나 철거하는 것은 국가의 강제 권력을 행사하는 일이다. 국가의 강제 권력을 행사할 때는 목적과 방법이 헌법에 맞아야 한다.

대한민국 헌법 전문(前文)은 이렇게 말한다. "대한민국은 3.1운동으로 건립된 대한민국임시정부의 법통을 계승한다." 헌법 제5조 ②와 제74조 ①에는 다음 규정을 두었다. "국군은 국가의 안전보장과 국토방위의 신성한 의무를 수행함을 사명으로 하며, 그 정치적 중립성은 준수된다. 대통령은 헌법과 법률이 정하는 바에 의하여 국군을 통수한다." 현행 헌법만 그런 게 아니다. 1948년 제정한 제헌헌법의 전문, 제6조, 제61조도 같은 말을 했다. "대한국민은 기미삼일운동으로 대한민국을 건립하여 세계에 선포한 위대한 독립정신을 계승하여 이제 민주독립국가를 재건한다." "국군은 국토방위의 신성한 의무를 수행함을 사명으로 한다." "대통령은 국군을 통수한다."

여러 차례 바뀌었지만 우리 헌법의 대한민국 자화상은 늘 같았다. "우리 국민은 3.1운동으로 민주공화국을 건립했고 대한민국임시정부를 세웠으며 1948년 정식 정부를 수립하고 민주독립국가를 재건했다." 국군의 사명과 대통령의 통수권에 관한 조항도 바뀐 것이 없다. "우리 국군의 사명은 국가 안보와 국토방위이고, 대통령은 국군을 통수하면서 그 임무를 수행한다."

대한민국임시정부의 '정규군'이었던 광복군의 적은 제국주의 일본이었다. 분단 이후 한국전쟁을 거쳐 오늘에 이르기까지 국군의 적은 북한이었다. 그러나 미래에는 다시 일본이 적이 될 수도 있다. 예컨대 독도 영유권을 주장하면서 일본군이 침략할 경우 우리 국군은 그들과 싸운다. 어떤 이유에서든 중국이나 러시아 군대가 대한민국을 침략하는 경우에도 마찬가지다. 우리 국군은 주권과 영토를 공격하는 침략자를 물리쳐야 한다. 침략자의 이념이 무엇이든 상관없다. 그게 국군의 사명이다. 육사·해사·공사는 그 일을 할 국군 장교를 양성한다.

헌법이 준 대답은 분명하다. 육군을 포함한 우리 국군과 육사를 포함한 군사교육기관은 모두 광복군을 뿌리로 '삼아야 한다.' 창설 이후 30년 동안 일본군 경력을 가진 참모총장들이 육군을 지휘했고 설립 초기 육사 교장 여럿이 일본군 출신이었다는 것은 바꿀 수 없는 역사의 사실이다. 하지만 육군과 육사가 그 사실에 얽매여야 하는 건 아니다. 그것은 극복해야 할 과거일 뿐이다. 그런 사실이 있기 때문에 육군과 육사가 광복군과 신흥무관학교를 뿌리로 삼아서는 안 된다고 하는 것은 역사의 사실과 헌법의 당위를 뒤섞는 것이다. 국군의 사명을 '반공' '반북'으로 한정하고 육사의 정체성을 '반공전사 양성'으로 제약하는 것도 그렇다. 우리 육군과 육사는 분단시대인 지금이나 통일을 이룬 후에나 변함없이 광복군을 자신의 뿌리로 여겨야 한다. 이것이 헌법의 명령이다.

윤석열은 사법시험에 합격한 뒤로는 헌법을 읽지 않은 듯하다. 헌법에 관한 상식이 없다. 어떤 게 옳은지 생각해 보라고? 국군 통수권자가 할 말이 아니다. 그는 국방부와 육사를 앞세워 독립전쟁 영웅들의 흉상을 철거하면서 책임을 회피했다. 독립전쟁 영웅의 흉상 철거는 육사 교정의 조경 사업이 아니다. 육군과 육사의 정체성과 헌법 해석에 관한 문제다. 그런데도 자신의 견해를 밝히지 않았고 국민의 뜻을 물어보지 않았으며 반대자와 토론하지 않았다. 그는 '방구석 여포'다. '나를 따르라'라고 외치며 앞장서는 게 아니라 참호에 숨어서 '돌격 앞으로'만 외친다. 논쟁을 벌일만한 철학이 없고 위험을 감수하는 용기도 없으며 불리한 싸움에서 선봉을 맡는 배짱 또한 없다. 박수칠 준비를 하고 모인 사람들 앞에서 의미 없는 포효를 내지르며 어퍼컷을 휘두를 뿐이다.

윤석열이 친일파여서 육사 교정의 독립전쟁 영웅 흉상을 철거했다는 해석이 있지만 나는 달리 본다. 근본 원인은 친미 사대주의다. 미국 행정부는 중국을 봉쇄하려고 동아시아에서 강력한 한미일 삼각동맹을 구축하려 한다. 미국 대통령이 회장, 일본 총리가 지사장, 한국 대통령이 지점장을 맡는 기획이다. 한일관계가 적대적이면 이 구상을 원만하게 실행하기 어렵다. 그래서 바이든은 일본이 원하는 것을 무엇이든 해주는 윤석열의 외교를 칭찬했다. 윤석열은 대법원 판결을 무시하면서 강제징용 피해자 배상 문제를 일본 정부와 기업을 대신해 한국 정부와 기업이 해결하는 방안을 추진했다. 핵 오염수 방류 문제도 일본 정부를 두둔했다. 라인 지분을 넘기라고 네이버를 압박한 일본 정부의 행위까지 비호했다. 이것은 단순한 친일이 아니다.

40년 후퇴한 남북관계

윤석열은 남북관계를 문재인 이전이 아니라 노태우 이전으로 되돌렸다. 모든 면에서 전두환과 비슷한 사람이라 자연스러워 보이기도 한다. 남북한의 체제경쟁은 끝난 지 오래다. 경제력과 군사비 비교는 의미가 없다. 냉전이 무너진 1990년대 초반 이후 북한은 파멸적 경제난을 겪으며 '고난의 행군'을 했지만 한국 경제는 외환위기를 겪으면서도 계속 발전했다. 노태우는 옛 사회주의 국가들과 수교하면서 한반도 비핵화를 선제 제안했고 북한과 대화한 끝에 남북기본합의서를 체결했다. 김일성 사망 이후 김영삼이 남북관계를 냉각시켰지만 김대중·노무현·문재인은 남북정상회담을 하고 경제협력과 교류를 북돋웠다. 이명박·박근혜는 금강산 관광을 중단하고 개성공단을 폐쇄하는 등 남북관계 진전을 막았다. 전적으로 우리 정부 책임은 아니지만 어쨌든 역사는 그랬다.

지금 남북관계는 전두환 시대로 회귀했다. 윤석열과 김

정은은 말 폭탄을 주고받은 끝에 군사분계선 인근 지역의 우발적 군사 충돌을 막기 위해 만든 9.19군사합의를 포함해 남북 당국의 모든 합의서를 휴지조각으로 만들었다. 북한은 탄도 미사일 발사 실험을 재개했고 조만간 핵폭발 실험도 할 태세다. 비난전단과 쓰레기를 매단 풍선을 날려보내면서 말다툼을 벌이더니 휴전선 확성기 방송 재개를 검토한다고 한다. 윤석열이 무엇을 원해서 그러는 것이든 결과는 예측 가능하다.

품위 있는 외교 언어를 모르는 김정은과 김여정은 윤석열과 우리 정부를 향해 찰진 욕을 퍼부었고 또 퍼부을 것이다. 윤석열은 확성기 방송과 대북 전단으로 김정은과 북한 권력집단을 비방할 것이다. 김정은은 인민의 복지를 위해 권력 상실 위험을 감수할 용기나 신념이 없고 윤석열은 한반도 평화에 관심이 없다. 둘 모두 상대를 비난함으로써 정치적 이익을 얻는 데만 관심을 쏟는다.

윤석열은 전쟁을 떠올리게 하는 어록을 숱하게 남겼다. '선제 타격론'부터 '한미 공동 핵 훈련'과 '압도적으로 우월한 전쟁준비'까지 과격한 말을 기회 있을 때마다 쏟아냈다. 이미 존재하고 있는 드론 부대를 창설하라고 하는가 하면 우리 군을 믿을 수 없다며 '격노'했다는 보도까지 나왔다. 전쟁을 일으키지 않을까 불안해하는 사람들도 있지만 나는 크게 걱정하지는 않는다. 윤석열과 참모들은 군대도 전쟁도 모른다. 미국이 허락하지 않는데도 전쟁을 벌일 배짱은 없다.

윤석열은 김정은을 자극해 도발을 유도하고, 그것을 비난하면서 우리 국민의 반북 정서를 자극했다. 그러나 그런 방식으로는 국정수행 지지도를 올리지 못한다. 실제 군사행동이 아닌 정치놀음이라면 크게 위험하지 않다. 그러나 남북이 소규모 국지전이라도 벌일 경우에는 그렇지 않아도 어려운 우리 경제에 결정타가 될지 모른다. 이명박·박근혜가 일정을 자꾸 늦춘 탓에 아직도 전시작전통제권을 주한미군사령관이 가지고 있다. 우리 정부에 전작권이 없다는 사실에 안도감을 느끼는 내가 낯설다.

국제정세에 대한 윤석열의 인식은 냉전 시대에 머물러 있다. 그는 미국의 패권에 의지해야 생존을 도모할 수 있다고 믿는다. 그렇게 하려면 일본과 잘 지내는 것이 필수적이다. 그래서 육사 교정의 독립전쟁 영웅 흉상을 치워가면서까지 반일 감정을 없애려고 노력한다. 북한과 어떤 대화도 하지 않고 오로지 군사력으로 상대한다. 우리 국익을 해치면서 미국이 요구하는 대로 우크라이나에 포탄을 우회 지원했다. 나라를 망하게 하려고 그러는 것이 아니다. 적어도 주관적으로는 나라를 구하려고 그랬다.

권력
사유화

우두머리 본능

윤석열은 간단한 의전을 지키지 못할 정도로 정신이 혼미하지만 권력을 행사할 때는 알파 메일 본능을 확실하게 과시한다. 김건희의 주가조작 가담 증거가 공범 재판에서 드러났는데도 검찰이 수사를 하지 못하게 했다. 거부권을 행사해 국회가 의결한 김건희 특검법을 폐기했다. 축제를 즐기러 이태원에 갔던 시민 160여 명이 목숨을 잃는 대참사가 벌어졌는데 누구한테도 책임을 묻지 않았다. 사과를 거부했고 분향소 위패에 희생자의 이름을 쓰지 못하게 했다. 치솟는 유가로 인한 생계의 어려움을 호소하는 화물노동자들을 보고 국가의 안전을 위협한다고 호통쳤다. 청담동 새벽 술자리 의혹에 대해서는 부재증명을 하지 않고 검찰을 동원해 압수 수색하고 구속영장을 청구하는 방식으로 기자를 겁주었다. 21대 국회가 문을 닫던 날 채해병 특검법안과 전세사기 특별법안 등 국회가 의결한 법안 네 건을 재의 요구해 바로 폐기했다. 불과 2년 동안에 열네 건의 법안을 거부함으로써 이승만에 이어 거부권 발동 횟수 2위에 올랐다.

나는 그를 이해한다. 그는 자신이 사회적 위계의 꼭대기에 섰다는 사실을 잊지 않는다. 알파 메일의 본능적 욕망을 끝없이 추구한다. '사람에게 충성하지 않는다.' 검사 윤석열을 유명하게 만들었던 이 말은 해석하기에 따라서 의미가 달라진다. 다른 무엇에, 예컨대 헌법이나 특정한 이념에, 충성하겠다는 뜻이 아니라 자신이 속한 집단의 가장 높은 곳에 오르겠다는 의지의 표현일 수 있다. 이렇게 해석하면 윤석열의 인생을 일관성 있게 설명할 수 있다. 사법시험을 아홉 번 본 것은 어떤 가치를 이루기 위함이 아니라 오로지 검사가 되기 위해서였다. 박근혜 국정농단 사건을 파헤치고 이명박을 구속한 것은 사회정의를 실현하기 위함이 아니라 검찰의 상층부로 올라가고 싶어서였다. 문재인에게 수사권과 기소권의 완전 분리를 포함한 검찰개혁을 강력하게 추진하겠다고 말한 것은 검찰총장이 되기 위해서였다.

대통령에 출마한 것도 그렇다. 대통령의 권한으로 국민

이 원하는 그 무엇을 이루려고 출마한 게 아니었다. 대통령이 되는 것 자체가 목적이었다. 그래서 국힘당에서 준비해 준 것 말고는 이렇다 할 정책공약을 내지 않았다. 대통령이 되어서도 강력하고 집요하게 추진한 정책이 없다. 의대 입학 정원 늘린 것이 유일하다. 그에게 중요한 것은 최고 권력자임을 확인하고 만족감을 느끼는 것이다. 정부 예비비를 끌어다 관저를 마련하고 집무실을 옮긴 것, 외교 예산을 대폭 늘려 화려한 정상외교를 하고 아내가 국빈 대접을 받으며 명품을 쇼핑하게 한 것, 자신이 수사해서 구속 기소하고 유죄 판결을 받게 했던 전직 대통령들과 고위 공직자들을 특별 사면한 것, 검찰을 시켜 이재명을 사냥하는 것, 집권당 대표를 갈아치운 것이 다 그런 일이었다.

윤석열은 공(公)과 사(私)를 구분하지 않는다. 검찰총장 때나 대통령이 되어서나 주저하는 기색 없이 권력을 사유화했다. 공무원인데도 출퇴근 시간을 지키지 않는다. 아내가 디올백 받은 것을 인정이 많아 그랬다고 감쌌다. 검찰총장과 서울중앙지검장이 김건희를 조사해야 사건을 종결할 수 있다고 보고했다는 소문이 나돌았던 총선 직후, 민정수석을 부활시키고 중앙지검장과 차장들을 모조리 갈아치웠다. 김건희는 아무 일 없었던 것처럼 공식 활동을 재개해 '센터 본능'을 과시했다.

국가권력의 정치적 사유화

윤석열의 권력 사유화는 자신과 가족의 특권을 지키는데 그치지 않았다. 중요한 공직을 무능하지만 충성하는 자에게 준 것도 국가를 정치적으로 사유화하는 행위였다. 감사원 사무총장 유병호, 방송통신위원장 김홍일, 방송통신심의위원장 유희림, 금융감독원장 이복현, 경사노위위원장 김문수, KBS 사장 박민, 사례를 들려면 끝이 없다. 여당 대표마저 마음대로 교체하는데 정부부처와 공공기관 책임자는 말해 무엇하겠는가? 능력 있고 적합한 사람이면 충성파라도 괜찮겠지만 그렇지 않다는 게 문제다.

대표 사례가 김문수를 장관급 경제사회노동위원회(경사노위) 위원장 자리에 임명한 것이다. 김문수는 문재인을 '김일성주의자', '총살감'이라 비방했고 윤건영 의원을 수령님께 충성하는 사람이라고 비난했다. 쌍용차 노조와 민주노총을 자살특공대와 김정은의 기쁨조라고 모욕했다. 국회 답변과 언론 인터뷰에서 그런 발언을 취소하거나 사과하지 않겠다고 했다. 경사노위위원장에 취임하자 곧바로 전문위원과 직원들을 해고했다. 문재인이 임명했다는 게 이유였다. 경사노위는 기업과 노동조합에서 지방정부와 중앙정부까지 노·사·정의 공식 비공식 접촉과 정보 교류를 촉진해 경제정책과 사회정책에 대한 공감과 합의를 도모하는 업무를 수행한다. 김문수는 그런 자리에 전혀 어울리지 않았고 업무를 잘 수행하지도 않았다. 무슨 일을 하는지 언론 보도가 나오지 않아서 시민들은 그런 위원회가 있다는 사실도 잊어버렸다.

나는 젊은 김문수를 마음에 간직하고 있다. 고귀한 뜻을 품고 더 나은 세상을 만드는 일에 인생을 바친 청년이었다. 그와 함께했던 시간을 소중히 여긴다. 오늘의 김문수로 어제의 김문수를 비하하지 않는다. 나이든 김문수는 휴일 서울 도심의 태극기 집회에서 흔하게 볼 수 있는 '극우 노인'이었다. 국회의원과 도지사 경력을 내세우면서 극언과 망언을 내뱉었지만 세상에 해를 끼칠 위험은 없었다. 그런데 그런 사람을 하필이면 사회적 대화와 타협을 도모해야 할 경사노위위원장 자리에 앉힌 게 잘못이었다. 눈에 띄지 않고 하는 일도 없으면서 연봉은 두둑한 자리에 보냈다면 김문수가 그토록 심한 비난을 받지는 않았을 것이다. 윤석열은 김문수 말고도 극우 유튜버를 여럿 장관, 공공기관장, 대통령실 참모로 기용했다.

부적합하고 능력 없는 사람들을 기용하면 국정이 엉망이 된다. 옛일이 생각나서 〈압도적 재미 매불쇼〉에서 그 이야기를 했다. 김대중 정부가 수천억 원의 신규 예산을 투입해 학문 후속세대를 양성하는 BK(Brain Korea)21 사업을 추진했을 때 일이다. 교육부 공무원들이 대규모 연구사업단 사례 조사를 하러 독일 출장을 가면서 동행을 요청했다. 뮌헨에 있는 막스 플랑크 물리학 연구소 소장한테 연구사업단이 성공하게 하려면 어떻게 해야 하는지 물었다. 대답은 간단했다. "최고 수준의 과학자를 책임자로 임명하고 그 사람한테 예산과 인사를 포함한 모든 의사결정권을 주시오."

사람은 능력이 저마다 다르다. 능력은 일반지능, 전문 지식, 업무 자세, 타인을 대하는 태도, 전략적 사고 능력, 경험의 폭과 깊이 등 많은 것을 포함한다. 그 모두를 종합해서 뛰어난 능력을 가진 사람을 A급이라고 하자. A급은 A급을 알아보고 좋아한다. 자신보다 뛰어난 사람을 더 좋아하는 경우도 흔하다. A급 책임자가 전권을 쥐면 주로 A급 인재를 기용한다. 그러면 그 A급들이 또 다른 A급을 불러들인다. 그러나 B급을 조직 책임자로 임명하면 상황이 달라진다. B급은 A급을 반기지 않는 경향이 있다. 자신이 B급임이 드러나기 때문이다. B급 책임자는 기껏해야 B급을 기용한다. 아부를 잘하면 C급, D급도 마다하지 않는다. A급은 기용하려고 해도 어렵다. A급 능력자는 B급 밑에서 일하고 싶어 하지 않는다. 그렇게 되면 조직은 C급 이하 등외까지, 스스로 생각하지 않고 위에서 시키는 대로 하는 사람으로 채워진다.

윤석열은 어느 급인가? A급이 아닌 건 확실하다. 그러니 잘해야 B급인 참모가 대통령을 에워쌌을 것이다. 그들은 충성도를 기준으로 실무자를 선택했다. 문재인 정부를 심하게 욕하고 괴롭힌 사람한테 자리를 주었다. 손가락 깨무는 시늉을 하면서 가짜 혈서를 썼던 전직 국회의원도 고액 연봉 직책을 받았으니 그런 인사 정책의 결과를 말해 무엇 하겠는가. 이태원 참사부터 청주 지하도 참사, 세계 잼버리 대회 파행, 부산 엑스포 유치전 참패, 대규모 무역수지 적자, 환율 폭등, 물가 상승, 의대생 증원 관련 대형병원 진료 마비까지, 모든 사태는 어리석은 대통령이 국가권력을 정치적으로 사유화해 무능한 사람들을 중요한 자리에 앉힌 탓에 일어났다. 용산 대통령실과 정부 부처와 공공기관의 책임자 가운데 A급은 눈을 비벼도 보이지 않는다. 잘해야 B급과 C급, 심지어는 등외 기관장과 참모도 수두룩하다.

윤석열의 권력 사유화 행태는 총선 후에도 그대로다. 5월 13일 전격 실시한 검찰 인사를 보라. '윤석열 사단' 핵심으로 알려져 있었던 서울중앙지검장 송경호를 부산고검장으로 보냈다. 그 자리에 이창수 전주지검장을 이동 배치했다. 김건희의 디올 백 사건과 도이치모터스 주가조작 사건을 담당했던 1차장과 4차장은 법무연수원 등으로 승진 발령했다. 이창수는 윤석열 검찰총장 시절 대검찰청 대변인이었다. 성남지청장으로 가서 이재명의 성남FC 후원금 모집을 뇌물죄로 몰았다. 전주지검장으로 자리를 옮겨 문재인의 사위였던 사람의 채용비리를 수사한다면서 무고한 '전 사돈'을 스토킹하듯 괴롭혔다.

친윤 정치검사가 있던 자리에 '찐윤' 정치검사를 배치한 것이다.

임기가 끝나는 날까지 압도적 다수 의석을 가진 야당을 상대해야 하는데 윤석열의 국정수행 지지율은 바닥에 떨어졌다. 곳곳에서 권력 누수 징후가 나타나고 있다. 검찰은 이재명을 여러 건 기소했는데, 선거법 위반 사건도 하나 있었다. 대선 때 성남도시공사 김 아무개를 모르는 사람이라고 했다는 이유로 선거법상 허위사실 공표 혐의를 씌워 기소했다. 검찰은 이재명이 그 직원과 함께 호주와 뉴질랜드 출장 갔음을 입증하는 시장 결재 문서를 제시해 성남시 공무원의 진술을 받아냈다.

그런데 민주당이 검찰의 증거 조작 사실을 폭로했다. 공무원의 진술을 받을 때 보여준 문서가 이재명 결재 사인이 있는 문서의 표지와 결재 사인이 없는 문서의 본문을 붙여 만든 가짜였다는 것이다. 서울시 공무원 유우성 사건에서 보듯 검사들은 종종 증거를 위조한다. 그렇지만 이번 검찰의 '표지갈이 문서조작' 사건은 검찰 내부자의 제보를 받아 민주당이 확인한 것이라 의미가 특별하다. 비슷한 일이 이어질 것임을 예고하는 사건일 수 있기 때문이다.

아니나 다를까, 며칠 지나지 않아 〈뉴스타파〉가 국정원 비밀요원의 쌍방울 대북 자금제공 관련 보고서를 입수해 보도

했다. 이런 식으로 권력기관 내부 정보가 유출되면 윤석열의 중대한 불법행위 증거가 흘러나올 가능성을 배제하기 어렵다. 윤석열이 박근혜와 비슷한 운명을 맞을 가능성이 높아진다는 이야기다.

그가 인기 없는 이유를 다섯 가지로 정리해 보았다. 그러나 특정한 정책 때문에 또는 특정한 행동 때문에 국민이 그를 싫어하는 것은 아니다. 대중은 윤석열이라는 인간 그 자체를 불신한다. 윤석열 정부의 최대 리스크는 윤석열이다. 인간성이 달라지고 권력 행사의 목적과 방식을 바꾸지 않고는 리스크를 제거할 수 없다. 그런데 그는 '완성형 권력자'다. 2년 동안 그 무엇도 달라지지 않았다. 남은 3년도 달라질 가능성이 없다. 시민들은 서로 묻는다. 이런 대통령을 어찌해야 하는가?

제5장

그의 적들

이재명, 아직 죽이지 못한 자

조국, 죽었는데 살아난 자

민주당, 유일한 진보 수권정당

이재명,
아직 죽이지 못한 자

수모를 견디는 힘

정치인은 두 부류로 나눌 수 있다. '정치를 위해 사는' 사람과 '정치로 먹고사는' 사람이다. 독일 사회학자 막스 베버가 1920년 출간한 『직업으로서의 정치』(전성우 옮김, 나남, 2019)에서 사용한 분류법이다. 편의상 전자를 '정치가(政治家)', 후자를 '정치업자(政治業者)'라고 하자. 정치인은 누구나 '대의(大義)'에 헌신하는 동시에 '소리(小利)'를 추구한다. '대의'는 정치적 이상과 사회적 선을 실현하는 것이고, '소리'는 공직과 당직 등 이익과 지위를 챙기는 일이다. '대의'와 '소리'가 충돌할 때 대의를 앞세우면 정치가, '소리'를 먼저 챙기면 정치업자가 된다. 대통령 같은 국가의 최고 권력자는 보통 정치가 중에서 나온다. 정치업자가 대통령이 되면 국가를 엉망으로 만들면서 사익을 챙긴다.

현실의 정치인은 완벽한 정치가와 완전한 정치업자 사이 어딘가에 있다. 정치가보다는 정치업자가 훨씬 많은데, 누가 어느 쪽에 가까운지 판단하기는 쉽지 않다. 정치 시장에는 '정보 불균형' 현상이 있다. 정치인은 자신이 어느 쪽인지 알지만 유권자는 그렇지 않다. 정치업자도 정치가인양 처신하기 때문에 겉만 보아서는 정체를 알기 어렵다. 그래서 유권자는 정치인을 일단 불신한다. 모든 정치인을 정치업자로 간주하고, 분명한 반증(反證)이 있으면 정치가로 인정한다. 합리적 행동이다. 정치업자한테 속지 않으려면 그렇게 해야 한다.

그래서 정치인은 수모(受侮)를 견뎌야 한다. 유권자는 갑(甲)이고 자신이 을(乙)임을 인정해야 한다. 정치업자는 수모를 잘 견딘다. 누가 모욕을 주어도 꿋꿋이 참아낸다. 진상 고객도 웃으며 대하는 백화점 직원은 좋아서 웃는 게 아니다. 생업을 지키려고 모멸감을 억누르고 그렇게 한다. 나는 그런 모습에서 삶의 비루함과 위대함을 본다. 정치업자도 그들과 다르지 않다. 지역구 행사에 가거나 선거운동을 하러 나갈 때 간과 쓸개를 빼서 집 베란다에 널어둔다. 면전에서 욕을 해도 유권자와 싸우지 않는다. 웃으며 좋은 말로 응대한다. 늦은 밤 집에 돌아와 간과 쓸개를 걷어 다시 장착한다. 그리고 혼잣말로 누군가를 욕하면서 스트레스를 푼다.

정치가는 수모를 잘 참지 못한다. 대의를 위해 헌신한다는 확신이 강하면 더 그렇다. 대중에게 정치가로 인정받으려면 대의를 위해 헌신하면서도 정치판에서 오래 생존해야 하기 때문에 수모를 견디지 못하면 리더가 될 수 없다. 김대중과 노무현이 어떤 수모를 얼마나 오래 겪었는지 굳이 말하지 않겠다. 문재인도 2012년 대선에서 낙선한 뒤 민주당 대표를 하는 동안 국힘당뿐 아니라 안철수를 비롯한 내부의 반대파한테도 숱한 모욕을 당했다. 그런데도 사람 좋은 표정을 지으면서 참았다.

정치는 중요하고 뜻 깊은 활동이다. 나는 정치인을 존중하고 존경한다. 정치가 의미 없다고 생각해서 그만둔 게 아니다. 존경받지 못하고 행복하지 않아서, 하루하루가 감당하기 어려울 만큼 힘들어서 도망쳤다. '훌륭한 인생'보다는 '나다운 인생'을 살고 싶어서 그만두었다. 나는 여러 가지가 모자랐는데, 수모를 견디는 힘이 특히 부족했다. 그래서 나와 비슷한 사람이 정치를 하겠다면서 의견을 물으면 일단 말렸다.

그가 대통령이 된 후부터 뉴스를 꼼꼼히 챙기지 않았다. 한가할 때는 낚시·바둑·음악 영상을 보며 시간을 보냈다. 거만한 그의 언행부터 검찰의 이재명 수사, 이태원 참사, 국회의 체포동의안 가결, 민주당의 내부 갈등까지 참기 어려운 일이 이어져 뉴스를 보기가 힘들었다. 그래도 그가 검찰을 시켜 정적에게 칼질하는 깡패라는 사실까지 모를 수는 없었다. 눈을 감아도 보였고 귀를 막아도 들렸다.

윤석열은 어떤 유형의 정치인인가? 정치업자에 가깝다. 무엇보다 정치적 대의라고 할 만한 것이 있는지 불확실하다. 그런 것이 있다고 해도 헌신하는 모습이 보이지 않는다. 반면 자신과 가족의 특권을 지키려고 권한을 휘두르는 행태는 뚜렷하다. 그는 어떤 대의에 헌신하려고 대통령이 된 사람이 아니다. 대통령으로 살고 싶어서 대통령이 되었다. 정치업자 대통령을 처음 보는 것은 아니다. 민주화 이후 보수정당이 배출한 대통령은 대부분 정치업자였다. 정치가로 인정할 만한 대통령은 김영삼뿐이다. 완벽하진 않았지만, 김영삼은 민주주의라는 시대정신을 실현하려고 정치적 위험을 감수하면서 하나회를 숙청했고 긴급명령으로 금융실명제를 전격 도입했다. 인정해야 마땅한 업적이다.

정치가는 정치업자와 다투지 않는다. 그들을 협력자로 만들려고 노력한다. 그러나 정치업자는 정치가를 싫어한다. 힘이 있으면 해치려고 한다. 역사의 사례를 보라. 이회창 후보는 1997년 12월 대선에서 '차별화'를 했다. 득표를 목적으로 한 전략적 행위였지만 김영삼을 싫어하는 감정이 없었다면 그렇게 하지 않았을 것이다. 이명박이 검찰을 시켜 노무현을 사냉한 데도 그런 감정이 작용했다. 노무현은 임기 말 국정수행 지지율이 낮았던 김대중을 극진히 예우했다. 김영삼도 인정하고 존중했다. 2003년 초 대선자금 차떼기 사건이 드러나 검찰이 이회창의 동생을 입건했을 때도 이회창만은 손대지 못하게 했다. 윤석열이 이재명을 제거하려는 것은 이재명을 본능적으로 싫어하고 적대감을 느끼기 때문이다. 이것은 정치업자가 적대 진영의 정치가한테 품는 감정이다. 국힘당 정치인들이 김대중 · 노무현 · 문재인 · 이재명에 대해 보이는 바로 그 감정이다.

윤석열이 이재명을 공격하는 이유를 설명하는 가설이 두 가지 있다. '전략설'과 '감정설'이다. 어떨 때는 전략설이 맞는 것 같고 다른 때는 감정설이 타당해 보인다. 감정설은 단순하다. 그가 이재명을 싫어해서 감옥에 집어넣으라고 지시했고, 검사들은 결과야 어찌 되든 최선을 다했다는 인정을 받아야 하기에 수단방법을 가리지 않는다는 것이다. 이 가설의 최대 약점은 상식에 맞지 않는다는 점이다. '아무리 그래도 그렇지, 일국의 대통령이 설마?' 최소한의 상식을 가진 사람이라면 다 반문할 것이다. 그래도 나는 이 가설을 지지한다.

『대망』류의 일본 대하소설이나 『삼국지』같은 중국 고대소설을 즐겨 읽은 사람들은 '전략설'에 끌린다. 이재명을 반드시 제거할 것이라는 기대를 주면 당권이나 대권을 노리는 민주당의 야심가들이 움직일 것이다. 체포동의안은 가결될 수도 부결될 수도 있다. 그러나 어떤 경우든 민주당은 내부 분열과 계파투쟁에 휩쓸리고 이재명의 권력 기반은 흔들린다. 어쩌면 분당사태가 일어날 수도 있다. 사실의 근거가 있든 없든 상관 없이, 시비를 걸 수 있는 모든 일을 형사사건으로 만들어 언론에 정보를 흘리고 구속영장 청구를 반복하면서 이재명을 흠집내면, 넌덜머리가 나서 국민이 민주당을 외면할 것이다. 그러면 총선뿐만 아니라 다음 지방선거와 대선도 쉽게 이길 수 있다. 그럴듯한 가설이다. 하지만 윤석열에 대한 대중의 인식과 충돌한다. '그런 작전을 할 정도로 똑똑하다고?'

국회가 첫 번째 체포동의안을 처리했을 때는 '전략설'이 맞는 것 같았다. 본회의에서 부결되긴 했지만 표 계산을 하니 적지 않은 민주당 국회의원이 찬성표를 던진 것으로 드러났다. 이재명의 지도력은 흔들렸고 민주당은 분열 조짐을 보였다. 윤석열과 한동훈은 만족할 만한 결과를 얻었다. 그렇지만 두 번째 체포동의안을 또 낸 것을 보고는 '감정설'이 맞는 것 아닌가 생각했다.

이재명이 단식투쟁을 하는 와중에 민주당 의원 수십 명이 찬성표를 던져 체포동의안을 가결했다. 그런데 판사가 구속영장을 기각했다. 범죄가 성립하는지 확실하지 않는 데다 증거를 인멸할 우려도 없다고 했다. 그래도 윤석열은 멈추지 않았다. 대장동 개발은 배임, 위례신도시는 부패방지법 위반, 성남FC 후원금 협찬은 뇌물죄와 범죄수익 은닉 혐의가 있다고 하면서 이재명을 기소했다. 그것만이 아니었다. 대장동 개발 업무를 한 성남도시개발공사 직원을 모르는 사람이라고 했다는 사실을 들어 공직선거법 위반으로 기소했다. 경기도 평화부지사였던 이화영을 별건 수사해 무려 1년 반이나 구치소에 묶어두고 협박 회유해 이재명을 쌍방울 대북송금 사건에 엮으려 했다. 검찰은 쌍방울이 이재명을 위해 북한에 8백만 달러를 제공했다는 혐의를 법원이 기각한 구속영장에 기재한 바 있다.

윤석열은 웃는 얼굴로 이재명과 회담하면서도 정치검사들의 칼부림을 멈추게 하지 않았다. 이런 행위는 '전략설'로 어찌 설명할 수 있겠는가. 그는 이재명을 싫어한다. 그리고 무서워한다. 제거해야 마음 편하게 잘 수 있을 것 같다. 아무리 봐도 감정설이 맞는 것 같다.

이재명은 사흘 간격으로 법정을 드나들면서 지역구 선거를 치르고 총선을 지휘해 역사적인 대승을 거두었다. 그러나 법정에서 생존해야 한다는 사실은 달라지지 않았다. 그 싸움에서 살아남으려면 앞으로도 끝없이 수모를 견뎌야 한다. 이재명은 수모를 견디는 힘이 뛰어나다. 다른 능력도 훌륭하지만 그런 힘도 있었기에 여기까지 왔다. 정치검사들이 2년 넘게 '조리돌림'을 했고 언론이 '방탄' 프레임으로 집중포화를 퍼부었지만 헌법이 준 불체포특권을 포기하지 않고 버텼다. 재판에 시간을 빼앗기면서도 당 대표의 권한을 행사했다. 이재명은 생존이 곧 승리인 싸움을 하고 있다. 누구도 대신해 줄 수 없는 싸움이다.

정당한 특권

국회의원 불체포특권은 정당하고 합리적인 특권이다. 헌법 제44조가 그 특권을 주었다. "국회의원은 현행범인인 경우를 제외하고는 회기 중 국회의 동의 없이 체포 또는 구금되지 아니한다. 국회의원이 회기 전에 체포 또는 구금된 때에는 현행범인이 아닌 한 국회의 요구가 있으면 회기 중 석방된다." 국회의원의 특권은 헌법 제45조에도 있다. "국회의원은 국회에서 직무상 행한 발언과 표결에 관하여 국회 외에서 책임을 지지 아니한다."

국회가 열려 있는 시간에 국회의원을 구속하려면 복잡한 절차를 거쳐야 한다. 검찰이 법원에 구속영장을 청구한다. 법원은 영장을 심사하기 전에 정부에 체포동의요구서를 제출한다. 정부는 법원의 체포동의요구서를 국회에 보낸다. 국회는 체포동의안을 본회의에서 의결한다. 의결 요건은 과반수 출석 과반수 찬성, 방법은 무기명 비밀투표다. 국회가 체포동의안을 부결하면 법원은 구속영장을 기각한다. 국회가 가결하면 보통사람과 똑같은 심사 절차를 거쳐 구속영장 청구를 기각하거나 구속영장을 발부한다.

헌법이 국회의원에게 불체포특권과 면책특권을 준 목적은 분명하다. 현행범이 아니라면 그리고 동료 국회의원들이 허용하면, 언제든지 국회에 나와 무슨 말이든 소신껏 하라는 것이다. 독재자 이승만·박정희·전두환도 이 특권만큼은 인정했다. 여러 차례 개정해 헌법을 누더기로 만들면서도 제헌헌법이 도입한 국회의원의 두 가지 특권은 없애지 않았다. 1987년 헌법 개정 때 왜 그냥 두었는가? 민주화가 이루어져도 독재자가 나올 가능성이 있다고 보았기 때문이다. 옳은 판단이었다. 민주화가 이루어졌으니 필요 없다고 없앴으면 윤석열은 야당 정치인을 마구잡이 구속했을 것이다.

국힘당은 불체포특권을 포기하라고 이재명을 압박했다. 엉뚱하게도 정의당이 여기에 가세했다. 소위 '민주당 소신파'가 빠질 리 없었다. 익숙한 이름들이 이재명 대표를 비난하거나 훈계하면서 영장 실질심사를 받으라고 외쳤다. 언론은 검찰이 흘린 정보를 사실처럼 각색해 이재명을 범죄자로 몰아가는 기사를 쏟아냈고 민주당 비주류에게 확성기를 쥐여주었다. 그들은 불체포특권을 행사했다고 이재명을 비난함으로써 윤석열의 깡패 짓을 두둔했다.

국회의원이 헌법의 취지와 달리 불체포특권을 개인비리 방탄용으로 쓰는 경우가 있었다. 하지만 그렇다고 해서 불체포특권의 가치가 없어지는 건 아니다. 국회의원 불체포특권은 17세기 초 영국 의회가 처음 도입했다. 왕권신수설을 내세우며 왕권 강화에 반대하는 의원들을 마구잡이로 잡아 가둔 제임스 1세의 사법권 남용을 막기 위한 조처였다. 미합중국 헌법에 들어가면서 세계에 널리 퍼졌다.

불체포특권은 집행권을 가진 행정부의 권력 남용을 막고 입법부를 보호하는 제도다. 만약 대통령과 법무부·행안부 장관 등이 권력을 남용할 위험이 전혀 없다면 이런 제도는 없어도 된다. 그러나 문명의 역사는 권력을 독점하고 오남용하는 성향이 인간 본성의 일부임을 보여주었다. 그 본성은 이념의 좌우와 지식의 다과(多寡)를 가리지 않으며 남녀와 노소도 구분하지 않는다. 만약 윤석열과 윤석열이 임명한 법무부장관·검찰총장이 성인(聖人)의 반열에 오를만하다고 믿는다면, 앞으로 우리가 선출할 대통령 또한 그럴 것이라고 믿는다면, 국회의원 불체포특권 따위는 없어도 된다. 하지만 방탄정치를 한다고 이재명을 비난한 정치인과 언론인 중에 그런 믿음을 내세운 사람은 없었다.

국회의원 불체포특권을 폐지하려면 헌법을 개정해야 한다. 간단한 일이 아니다. 그래서 윤석열과 국힘당과 정의당과 민주당 비주류는 스스로 불체포특권을 포기하라고 요구했다. 이유는 뻔하다. 정치인 이재명을 제거하고 싶었기 때문이다. 검사들은 영장전담 판사를 안다. 대학교 선후배, 고시학원 동료, 연수원 동기 등의 인연으로 서로서로 얽혀 있다. 구속영장을 내줄 가능성이 제일 높은 판사가 이재명 구속영장 심사를 맡을 수 있도록 영장 청구 일정을 조절하면 성공할 가능성이 있다. 일단 구속영장만 나오면 만사형통이다. 사실이든 조작한 것이든, 수사정보로 포장해 흘리면 언론이 알아서 보도한다. 재판 결과야 어찌 되든 상관없다. 여론재판을 벌여 이재명을 정치무대에서 끌어내리기만 하면 된다.

윤석열과 국힘당은 그러는 게 당연하다. 비판해봤자 소용없다. 그러나 정의당과 민주당 비주류가 그렇게 해야 할 이유는 없었다. 이재명을 제거해서 그들에게 무슨 이익이 있겠는가. 그런데도 그들은 이재명에 대한 검찰의 무한 수사와 구속영장 청구가 합당한 수사권 행사인지 묻지 않았다. '이재명 사법 리스크'라는 말로 검찰 수사를 정당화하거나 검찰의 구속영장 청구와 이재명의 불체포특권 행사를 모두 비판하는 양비론을 폈다. '지옥의 가장 뜨거운 곳은 도덕적 위기의 시대에 중립을 지킨 자를 위해 준비되어 있다'는 단테의 경고를 몰랐던 듯하다.

검찰은 이재명이 성남시장으로서 성남시와 성남시민에

게 이익이 된다고 판단해서 실행했던 일을 범죄행위로 몰아 기소했다. 그가 모든 것을 완벽하게 했다는 말이 아니다. 행정에는 오판이 따르게 마련이고 판단이 옳았어도 결과가 만족스럽지 않을 수 있다. 그러나 이재명이 시장의 권한을 이용해 사적 이익을 도모하지 않았다는 것만큼은 분명한 사실이다. 대장동 개발과 성남FC 운영은 공적 업무였다. 시장으로서 시정 운영을 얼마나 잘했는지는 정치적 평가의 대상이지 사법적 심사의 대상이 아니다. 100의 성과를 낼 수 있는데도 50밖에 내지 못했으니 감옥에 보내야 한다는 논리는 헌법과 상식에 반한다. 그게 형법상의 범죄를 구성한다면 지방정부 책임자 누구든 검찰이 마음만 먹으면 다 감옥에 보낼 수 있다.

정의당은 총선에서 합당한 평가를 받았다. 정의당은 법정에서 부당한 실형선고를 받은 적이 있는 당원과 국회의원과 당직자가 많은 정당이다. 그런데도 검사와 판사들이 언제나 올바르게 법을 집행하고 적용한다고 믿는 듯했다. 도대체 판사를 얼마나 굳게 신뢰하기에 이재명더러 정치적 운명을 맡기라고 요구한다는 말인가? 정의당은 심상정이 빈약한 득표율로 낙선했고 비례득표율도 2.14퍼센트에 그쳐 국회 밖으로 밀려났다. '도덕적 위기의 시대에 중립을 지킨' 행위를 유권자가 응징한 것이다. 민주당 비주류도 운이 좋아 당선한 김종민을 빼고는 모두 낙선했다. 다시 정치무대에 오르기는 어려울 듯하다.

생존투쟁

윤석열은 이재명과 얽힌 운명이다. 이재명을 제거해야 자신의 운명이 펴지리라고 생각할지 모른다. 하지만 꼭 그런 것은 아니다. 앞서 말한 바와 같이 이재명은 생존이 곧 승리인 싸움을 하고 있다. 처음 해보는 싸움은 아니다. 그는 평생 그렇게 싸우며 살았다. 태어난 곳은 경북 안동 벽촌의 화전민 마을이었다. 경기도 성남의 빈민촌에서 소년기를 맞았다. 도시 빈민 가정의 소년 노동자 이재명은 남의 이름으로 여러 공장을 전전했다. 사고를 당해 팔이 구부러졌고 여러 감각기관이 손상을 입었다. 요행히 사회생활을 할 수 없을 정도의 재해를 당하지는 않았다. 그는 소년노동자로서 1970년대 산업화 시대의 참혹했던 노동 환경을 견뎌낸 생존자였다.

이재명은 교육의 사다리를 붙잡고 더 높은 곳으로 분투하며 올라갔다. 검정고시를 쳤고, 학력고사에서 좋은 성적을 얻었다. 장학금과 생활비를 주는 대학에 들어갔다. 일찍 사법시험에 합격해 변호사로 세상에 발을 디뎠다. 성남에서 시민운동을 했고 시장 후보로 정치 활동을 시작했다. 여러 차례 기소되었고 유죄판결을 받기도 했다. 항소심이 유죄를 선고했던 선거법 위반 사건을 대법원에서 파기 환송하지 않았다면 정치인생을 성남시장으로 마감했을지도 모른다. 소년노동자로 생존했던 이재명은 정치인으로서도 생존하는 데 일단 성공했다.

민주당 대통령 후보가 되었을 때 생존 스토리는 끝난 것 같았다. 하지만 낙선과 함께 세 번째 생존투쟁이 찾아왔다. 검찰의 공세를 견디면서 보궐선거로 국회에 들어가 민주당 대표가 되었다. 언론의 집중포화를 온몸에 맞았다. 극우 테러리스트의 칼에 목을 찔렸다. 선거 기간에도 사흘마다 법정에 출석했다. 그러면서도 지역구에서 당선하고 민주당의 총선 압승을 이끌었다. 세 번째 생존투쟁의 결말이 어떠할지는 아직 알 수 없다. 그러나 이번에도 죽지 않을 것이라고 나는 믿는다.

윤석열은 이재명을 두려워한다. 국힘당 정치인과 당원들도 그런 것 같다. 왜 그렇지 않겠는가? 본인과 가족과 주변을 검찰이 몇 년 동안 털었는데도 확실한 약점이 나오지 않았다. 국회가 체포동의안을 가결했는데도 구속하지 못했다. 가능한 모든 것을 기소해 법정에 세웠지만 법원이 유죄를 선고할지 여부는 알 수 없다. 언론에 '멍석말이'를 당하면서도 정치적 기반을 지켰다. 총선 압승으로 위상은 더 높아졌다. 그런데도 윤석열과 국힘당은 이재명을 인정하지 않는다. 범죄를 저지르지 않은 게 아니라 검찰이 증거를 찾지 못할 정도로 치밀하게 저질렀다고 믿는다.

이재명은 두 번의 생존투쟁을 혼자 힘으로 이겨냈다. 세 번째 싸움은 혼자가 아니다. 민주당 당원과 시민이 그를 지킨다. 그 덕분에 검찰과 언론과 당내 비주류의 공세를 이겨낼 수 있었다. 민주당 당원과 시민들은 압도적인 지지로 이재명을 당 대표 자리에 올렸다. 이재명을 신뢰한다는 것을 모든 여론조사에서 확실하게 보여주었다. 이재명 체포동의안에 찬성표를 주었을 법한 국회의원들을 경선에서 탈락시켰다. 당을 바꾸어 출마한 사람은 본선에서 떨어뜨렸다. 총선 후 여론조사에서는 이재명의 대표직 연임을 지지했다. 운이 어느 정도만 따라준다면 이재명은 세 번째 생존투쟁을 견뎌내고 대통령이 될 것이다.

이재명이 대통령이 된다고 해서 윤석열이 불행해지는 것은 아니다. 윤석열이 어떤 방식으로 남은 임기를 수행하든, 이재명이 자기 손으로 그의 운명에 손을 대지는 않을 것이다. 나는 이재명이 뚜렷한 목표의식을 가진 사람이라고 생각한다. 성공하려고 할 뿐만 아니라 성공한 사람으로 인정받으려고 한다. 그 욕망을 빼고는 이재명의 삶을 설명하기 어렵다. 권력의 정점에 서는 것 자체가 그의 목표는 아니다. 대통령의 권한으로 대중이 원하는 바를 이루어주는 것이 목표다. 이재명은 그렇게 할 때 자긍심과 만족감을 느낀다. 성남시장과 경기도지사 재직 시절에 그랬다. 대통령이 되어서도 같을 것이다.

자존감이 높은 사람은 원한을 품지 않는다. 과거의 가

해자에게 복수하지 않는다. 이재명은 그럴 필요를 느끼지 않는다. 이재명 아닌 사람이 그 위치에 있었더라도 윤석열이 똑같이 했을 것임을 안다. 윤석열이 문재인에게 한 행위를 보라. 그는 검찰 쿠데타로 문재인에게 도전했다. 퇴임한 문재인을 괴롭히면서 자신의 권력을 확인한다. 이명박·박근혜와 달리 문재인과 이재명이 자신에게 머리를 조아리지 않아서 그러는 것이다. 이태원 참사 희생자 가족과 해병대 수사단장에게도 똑같은 짓을 했다. 대통령의 권력으로 저지른 악행은 개인적 복수의 대상이 아니다. 공적 응징의 대상이다. 이재명은 그렇게 생각할 것이다.

만에 하나 이재명을 법정에서 정치적으로 살해하는 데 성공한다 해도 윤석열에게 '해피 엔딩'은 없다. 이명박을 보라. 그는 그럴만한 이유가 없었는데도 검찰을 시켜 노무현을 사냥했다. 윤석열이 이재명을 사냥한 것과 동기는 똑같았다. 이명박은 임기를 무사히 마쳤고 박근혜가 자리를 이어받았지만 해피 엔딩은 없었다. 박근혜 탄핵은 그에게도 재앙을 안겼다. 같은 시기에 구속 기소되어 중형을 선고받았다. 윤석열이 사면했지만 국민의 손가락질을 면하지는 못한다.

에너지 보존의 법칙이 물질세계에만 통하는 것은 아니다. 정치 세계에도 작용한다. 이명박은 노무현의 목숨을 빼앗음으로써 자신의 미래를 파괴했다. 박근혜 탄핵도 그가 빌미를 제공했다. 박근혜를 탄핵할 만한 사유가 없었던 것은 아니다. 하지만 노무현을 죽음으로 몰아간 이명박과 보수정권에 대한 공분이 민중의 가슴에 깔려 있지 않았다면 탄핵요구 촛불집회가 그토록 격렬하게 불타오르지는 않았을 것이다. 역사의 필연이 우연을 가장하고 나타나는 경우가 있다. 탄핵 정국의 방아쇠를 당겼던 최순실의 태블릿은 더블루K가 사무실을 옮기면서 버리고 간 상임이사 고영태의 책상 서랍에서 나왔다.

원조 노사모였던 건물 관리인이 손석희 사장을 좋아한다며 사무실 문을 열어준 덕에 JTBC 김필준 기자는 그 태블릿을 발견할 수 있었다. 노무현의 죽음이 민중의 가슴에 일으킨 공분은 박근혜 탄핵 촛불집회에 강력한 에너지를 공급했다. 그 힘이 다스는 누구 것이냐는 질문을 되살려냈다. 박근혜와 이명박을 구속하게 했다.

이명박은 사악한 행위를 했다. 노무현을 죽음으로 몰아감으로써 한국 정치를 누구도 제어하지 못하는 적대적 대결의 소용돌이에 빠뜨렸다. 김영삼은 전두환·노태우를 처벌했지만 같은 정당 소속이어서 보복 논란이 크게 일어나지 않았다. 김대중은 전임자를 정중하게 예우했다. 노무현은 김대중을 존경했다. 이명박의 대선 도전을 방해하지도 않았다. 내키지 않았지만 국민의 선택으로 인정하고 그의 당선을 받아들였다.

그랬다고 해서 진보진영에서 욕을 듣기도 했다. 노무현의 죽음이 만든 에너지는 박근혜를 탄핵하고 이명박을 구속한 뒤에도 소멸하지 않았다. 박근혜 지지자의 가슴에는 복수심을 안겼고 진보진영에는 검찰개혁 과제를 주었다. 조국사태, 서초동 집회와 광화문 집회, 민주당의 '검수완박' 입법과 윤석열의 대통령 당선까지, 모든 사건이 그 연장선에서 일어났다.

법정에서 이재명의 정치생명을 끊는 데 성공한다 해도 윤석열의 운명은 달라지지 않는다. 임기를 무사히 채운다 해도 2027년 5월 8일에는 대통령 관저를 비워야 한다. 이르든 늦든 정권은 교체된다. 민주당이 집권하면 윤석열을 응징하라는 민중의 요구가 터져 나올 것이다. 이재명 아닌 다른 사람이 대통령이 되었다고 해서 그를 감쌀 이유는 없다. 개인적 복수라는 오해를 받지 않아도 되니 국민의 요구를 거부할 이유가 없고 응징을 망설일 필요도 없다. 해피 엔딩은 어차피 없지만, 이재명이 생존하지 못하는 경우 윤석열의 운명은 더 참혹할 것이다.

이재명은 '아직 죽지 않은 자'다. 윤석열의 시선으로 보면 '아직 죽이지 못한 자'다. 나는 이재명이 '죽지 않은 자'가 되기를 바란다. 세 번째 생존투쟁에서도 승리하기를 기대한다. 윤석열의 비참한 말로를 보고 싶긴 하지만, 그걸 본다고 해서 기쁘지는 않을 것 같다. 그보다는 불운의 구렁텅이에서 인생을 시작한 사람이 자신의 힘으로 몸을 일으켜 민중의 성원을 받으며 나라의 대통령이 되는 광경을 보고 싶다.

—

조국,
죽였는데 살아난 자

달라진 조국

22대 국회의원 총선은 처음부터 끝까지 정권심판 이슈가 지배했다. 민주당 압승부터 조국혁신당 선전, 국힘당 참패, 새로운미래 패망, 개혁신당 부진, 정의당과 무소속 전멸까지 모든 것이 거기서 비롯했다. 정권심판 이슈는 선거를 국힘당과 민주당의 양강 구도로 만들었다. 후보의 역량이 지역구 선거 승패에 미치는 영향력을 줄였다. 관심사는 승패가 아니라 국힘당이 몇 석을 얻느냐는 것이었다.

2월 마지막 주까지만 해도 분위기가 밋밋했다. 그때 조국이 나타났다. 검찰독재정권 조기 종식이라는 슬로건으로 윤석열을 총선에 소환했다. 한동훈을 '극단적으로 긴 휴대전화

비밀번호'를 설정한 범죄자로 규정했다. 지역구 후보를 내지 않았고, 비례후보 앞 순위에 윤석열과 싸운 전직 검사를 배치했다. 그렇게 함으로써 정권심판 이슈의 위력을 증폭했고 전선을 확장했으며 총선에 전투 분위기를 불어넣었다. 24퍼센트 넘는 득표를 하고 열두 석을 얻어 야당의 압승에 힘을 보탰다. 그가 창당을 선언했을 때 이런 결과를 예측한 사람은 없었다.

조국혁신당이 성공한 이유를 알아보려면 사람과 제도를 다 보아야 한다. 먼저 사람을 보겠다. '조국혁신당 대표 조국'은 '청와대 민정수석 조국', '법무부 장관 조국'과 같은 사람이다. 그러나 '2024년 총선의 조국'은 '2019년 조국사태의 조국'과 완전히 달랐다. 교수 시절 조국은 아는 사람이나 아는 지식인이었다. 민정수석 때도 대중적 인물은 아니었다. 국민들은 법무부 장관에 지명된 시점 이후의 조국을 기억했다.

검찰총장 윤석열은 조국을 법무부장관에서 낙마시켜 대통령의 인사권을 무력화하려 했다. 어떤 비리도 없었다는 사실이 뒤늦게 드러난 소위 '조국 사모펀드 비리'를 명분 삼아 수사를 시작했다. 문재인을 압박해 장관 지명을 취소하게 하려고 국무위원 청문회가 끝나기 직전 소환조사도 하지 않았던 배우자를 대학 총장 표창장을 위조했다는 혐의로 기소했다. 그런데도 문재인이 조국을 장관에 임명하자 사냥을 본격적으로 시작했다.

그는 조국의 아내와 자녀를 볼모로 삼아 장관 사퇴를 요구했다. 법조 기자들을 주물러 조국을 파렴치한 범죄자로 몰았다. 조국은 끝없이 추궁당하고 끝없이 비난받았다. 카메라 앞에 설 때마다 고개 숙이며 해명하고 사과했다. 구속당한 아내를 돌보러 구치소를 드나들었고 학위를 취소당할지 모를 딸과 아들을 보듬었다. 자신도 법정에 불려 다닌 끝에 징역 2년 유죄선고를 받았다. 강의를 빼앗겼고 대학에서 파면 당했다. 대법원이 상고를 기각하면 교도소에 들어가야 한다.

조국사태의 조국은 고대 그리스 비극의 주인공을 연상하게 했다. 그는 '모든 것을 가진 남자'였다. 학벌부터 재력, 지위, 언변, 명성, 용모까지 결핍이라고는 없어 보였다. 그런 남자가 한순간에 세상의 밑바닥에 떨어졌다. 아버지로든 남편으로든 지식인으로든, 감당하기 어려운 불명예를 짊어졌다. 상상력 풍부한 작가의 창작 드라마가 아니라 현실에서 벌어진 사건이었다. 조국은 더 내려갈 곳 없는 바닥에 쓰러졌다. 윤석열은 쓰러진 조국의 등을 밟고 최고 권력자 자리에 올랐다. 이것이 드라마의 제1막이었다.

조국은 정치적으로 사망한 것 같았다. 출마 이야기가 돌자 어떤 비평가는 딸하고 같이 유튜브 방송이나 하라고 조롱했다. 민주당에서 조국을 공천할 가능성이 있는 것도 아니었다. 그랬던 조국이 무덤에서 흙더미를 헤치고 나온 사람처럼 일어섰다. 신당의 기치를 들고 윤석열에게 전쟁을 선포했다. 드라마의 제2막을 연 것이다. 조국혁신당 대표 조국은 법무부 장관 조국이 아니었다. 고개를 곧게 세우고 정면을 응시했다. 목소리를 한 톤 올려 윤석열의 죄악을 조목조목 지적했다. 한동훈의 말을 한마디도 흘려보내지 않고 반박했다. 윤석열의 배우자와 한동훈의 딸을 자신의 가족과 같은 기준으로 수사하라고 요구했다. 한동훈 특검법을 조국혁신당의 1호 법안으로 발의할 것임을 예고했다. 대중이 기억하는 법무부장관 조국과는 완전히 다른 사람이었다. 피고인 조국은 정치인으로 변신해 윤석열과 대결하고 있다. 감옥에 가도 싸움을 멈추지 않겠다고 선언했다.

자유로운 시간이 얼마나 남았는지는 조국 자신도 모른다. 길든 짧든, 그는 그 시간에 자신을 남김없이 불태울 것이다. 어떤 운명이 그를 기다리는지, 그가 불탄 자리에 무엇이 남을지는 알 수 없다. 하지만 분명한 것이 하나는 있다. 조국과 윤석열의 운명이 완전하게 엇갈린다는 것이다. 둘의 싸움을 둘 모두 명예롭게 끝낼 방법은 없다. 윤석열에게 조국은 이재명과 다른 존재다. 윤석열의 시선으로 보면 이재명은 '아직 죽이지 못한 자'다. 싸움을 멈추고 공존을 시도할 여지가 있다. 그러나 조국은 '이미 죽였던 자'다. '이미 죽였던 자'와는 공존할 수 없다. 조국도 마찬가지다. '다시 살아난 자'는 자신을 죽였던 자를 죽여야 살아났음을 확인할 수 있다. 윤석열의 가장 위험한 적은 이재명이 아니라 조국이다.

복수와 응징

윤석열은 어떻게 조국을 죽였는가? 완벽하게 선하지 못했다는 약점을 들추어 위선자로 단죄하는 방식으로 죽였다. 조국은 어떻게 윤석열을 죽일 수 있는가? 그가 선한 척조차 할 마음이 없는 악당임을 증명하는 것이다. 지난 대선에서 우리 국민은 위선이 싫다고 위선조차 떨지 않는 자에게 권력을 주었다. 그 선택을 되돌리고 싶은 유권자가 있었기 때문에 조국혁신당은 약진했고 민주당이 압승했다. 윤석열이 권력을 무도하게 휘두를수록 조국혁신당은 더 강력해질 것이다. 윤석열이 모든 것을 잃고 오욕의 구렁텅이에 굴러 떨어져야 조국의 전쟁은 끝이 난다.

오늘의 조국은 비극의 주인공이 아니다. 영화 〈글래디에이터〉의 전사와 비슷하다. 윤석열을 비판하는 조국의 연설을 들으면 그 영화의 대사가 떠오른다. "내 이름은 막시무스, 북부군 총사령관, 아우렐리우스 황제의 충복, 네가 태워 죽인 아들의 아버지, 네가 능욕한 아내의 남편이다. 복수하고야 말겠다. 살아서 하지 못하면 죽어서라도!" 황제를 죽이고 권력을 찬탈한 코모두스는 막시무스의 아내와 자식도 죽였다. 그의 면전에서 복수를 공언한 막시무스를 현장의 민중이 살려주었다.

나는 정치인 조국한테서 소중한 모든 것을 한꺼번에 빼앗긴 남자의 몸부림을 본다. '아주 개인적인 소감'이다. 윤석열은 전혀 다른 것을 볼지도 모른다. 조국이 복수를 하려고 정치에 뛰어든 게 아님을 나는 안다. 그는 자신이 세상에 존재할 자격이 있는 사람임을 확인하려고 참전했다. 법학자로서 펼쳤던 법치주의 원칙을 무기로 삼아 싸운다. 윤석열의 국가권력 사유화를 저지해 민주공화국의 공적 가치를 복원하려고 한다. 사적 복수가 아니라 공적 응징을 위한 행동임을 강조한다.

『조국의 법고전 산책』(오마이북, 2022)과 『디케의 눈물』(다산북스, 2023)에서 조국은 법치(法治)가 '법으로 다스리는 것(rule by law)'이 아니라 '법이 다스리는 것(rule of law)'임을 거듭 강조했다. 윤석열은 헌법과 법률 위에 군림하면서 법으로 남을 다스리려 한다. 조국은 검찰총장 윤석열이 자신에게 적용했던 법률을 대통령 윤석열과 수족들에게 똑같이 적용하게 함으로써 대한민국이 법치국가임을 증명하려고 한다. 그 목표를 성취하는 데 기여함으로써 존재의 자격을 확인하려고 한다.

윤석열의 적은 이재명이 아니라 조국이다. 이재명은 대통령으로 일하고 싶어서 수모를 감수하며 법정투쟁을 한다. 그는 살려고 싸운다. 그러나 조국은 이기려고 싸운다. 상대방을 죽일 수 있다면 자신도 기꺼이 죽을 수 있다고 생각하며 싸운다. 두 사람은 싸우는 목적도 다르고 싸우는 방식도 다르다. 이재명은 국민과 함께 싸운다. 대중이 성원하지 않으면 살아남지 못한다. 정치가로서 윤석열을 상대한다. 조국은 혼자 싸운다. 누구도 항소심에서 징역 2년 실형을 선고받은 그를 도울 수 없다. 조국은 전사로서 윤석열을 상대한다. 누가 더 치명적인 적인가?

윤석열은 아무리 길어도 2년밖에는 조국을 가두지 못한다. 조국은 푸시업과 플랭크, 스쾃으로 몸을 만들고 독서와 사색으로 정신을 벼리며 그 시간을 견뎌낼 것이다. 감옥 안에서 싸우고, 나와서도 싸우고, 현직 대통령 윤석열과도 싸우고 퇴임 대통령 윤석열과도 싸울 것이다. 드라마의 2막이 어디에서 끝나든, 3막이 더 있든 없든, 나는 싸우는 조국을 보는 게 기쁘다. 죽었던 남자가 무덤에서 나와 자신을 죽인 권력자와 대결하는 광경을 보리라고는 상상하지 못했다. 뉴스 영상을 보면서 조국이 내쉬는 가쁜 숨소리를 듣는다. 그가 싸울 시간이 충분히 길면 좋겠다.

조국혁신당의 미래

조국혁신당은 선거제도를 지혜롭게 활용했다. 정치 평론가들은 소위 '제3지대 신당'에 집착했지만 시끄럽기만 했을 뿐 의미 있는 결과는 없었다. 저마다의 이유로 거대 양당을 나온 정치인들이 신당을 만들었지만 다 망했다. 지역구 한 석과 비례 두 석을 얻은 이준석의 개혁신당도 성공했다고 하기는 어렵다. 완전 망하는 것을 겨우 면한 수준이다.

그들의 잘못만은 아니다. 정권심판 이슈가 너무나 강력해서 정치개혁이니 다당제니 하는 장기 정치과제는 끼어들 여지가 없었다. 254석을 단순다수제로 결정하는 승자독식 소선거구제에서 양강 구도가 강력해지면 중간지대 정당은 자리를 확보하기 어렵다. 진보 유권자는 정권심판을 위해 궐기했고, 보수 유권자는 정권수호를 위해 결집했다. 그렇다면 조국혁신당은? 제3지대 신당이 아니라 민주당의 '스핀오프(spin-off)' 정당이라 성공했다.

조국혁신당은 민주당이 공약하기는 어렵지만 민주당 지지자들은 갈망하는 것을 당의 목표로 선포했다. 검찰독재정권의 '조기 종식'이다. 민주당에 속해 있거나 민주당을 지지하지만 민주당의 다수파가 되지 못하는 전투적 자유주의자들이 가장 먼저 조국혁신당을 지지했다. 노사모, 2002년 개혁당, 2004년 열린우리당, 2010년 국민참여당, 2019년 서초동 검찰개혁 촛불집회에 참여한 시민들이다. 그들이 조국혁신당 지지율을 10퍼센트 선에 올렸다. 윤석열 정권의 무능에 실망하고 검찰독재에 분개한 중도 성향 시민이 가세해 지지율 20퍼센트 선을 넘겼다. 여기에 조국 개인의 팬덤이 따라붙었다. 조국혁신당은 진보의 언어와 진보의 프레임으로 중도를 포섭했다.

조국혁신당 창당 아이디어는 연동형 비례대표제와 관계가 있다. 하지만 그 제도 덕분에 성공한 것은 아니다. 녹색정의당을 보라. 연동형이라고 해서 무조건 비례의석을 얻지는 못한다. 연동형이든 병립형이든, 득표율 3퍼센트를 넘기지 못하면 의석을 받을 수 없다. 이재명이 병립형으로 회귀하는 방안을 거부하고 연동형을 유지한 가운데 더불어민주연합을 만든 것은 현명한 결정이었다. 그렇게 정권심판 전선을 분명하게 그었기에 조국혁신당이 전선을 강화하는 방식으로 참전할수 있었다.

민주당과 국힘당의 지역구 후보 평균 득표율 격차가 5.4퍼센트 포인트에 불과한데도 당선자 수가 161:90이 된 결과를 두고 국힘당 정치인과 친윤 비평가들은 선거제도가 불합리하다고 불평했다. 일리 있는 지적이다. 그러나 책임은 국힘당 몫이다. 인구 많은 영남을 독식하려고 국힘당은 언제나 소선거구제를 고집했다. 이 제도에서는 영남에서 민주당 국회의원이 나오기 어렵고 호남에서 국힘당 국회의원이 나오기 어렵다. 이번 총선도 그랬다. 대구·경북은 국힘당이 독식했고 광주·전남북은 민주당이 독식했다. 지역구 후보 득표율이 크게 차이 나지 않았는데도 서울은 37:11, 인천은 12:2, 경기도는 53:6

이었고 부산은 거꾸로 1:17이었다. 2005년 노무현이 야당에게 권력을 절반 줄 테니 선거구제를 바꾸자고 했을 때 뭐라고 했는가. 국힘당은 단칼에 거부했고 언론은 정치적 술수라고 비난했다.

국힘당이 태도를 바꿀까? 그럴 가능성은 없다. 수도권 의원들은 몰라도 영남 의원들은 선거구제 변경을 절대 받아들이지 않을 것이다. 민주당은 다른 이유에서 소극적이다. 예전 민주당 당원과 지지자들은 선거구제 변경에 찬성했지만 지금은 그렇지 않다. 민주당은 두 번 연속 수도권을 석권했다. 두 번 모두 범진보가 190석에 육박하는 압승을 거두었다. 부산·울산·경남 지역구 후보들은 대부분 낙선했지만 당선권에 육박하는 득표를 했다. 조금 더 노력하면 대구·경북은 몰라도 부산·울산·경남에서는 대등한 싸움을 할 수 있다고 믿는다. 소선거구제로 국힘당을 완전히 제압하고 싶어 한다. 병립형으로 돌아가도 상관없다고 본다. 여야 합의로 선거구제를 변경할 가능성은 희박하다.

조국혁신당의 미래는 조국의 운명만큼 불확실하다. 선거제도를 독일식으로 바꾸지 않는 한 불확실성을 제거할 수 없다. 현행 선거구제에서 길게 생존할 방법이 없는 것은 아니다. '매운맛 민주당'으로 활동하면서 각급 선거에 비례대표 후보만 내는 방안이다. 비례의석이 둘 넘는 기초의회 선거와 광역

의회 선거에는 비례후보를 내도 민주당과 크게 충돌할 일이 없다.

지역구 후보를 내서 민주당과의 본선 대결이나 후보 단일화 경쟁을 하면 조국혁신당은 국민참여당의 전철을 밟을 것이다. 민주당과 '제로섬 게임'을 벌일 수 있는 정당은 국힘당뿐이다. 작은 정당이 민주당을 상대로 힘겨루기를 하면 한두 번 작은 승리를 거둔다 해도 결국은 에너지를 소진하고 소멸한다. 나는 민주당과 경쟁한 경험이 있다. 2010년 경기도지사 후보단일화 경선도 했고 국회의원 보궐선거 후보단일화 경선 지원 활동도 해 보았다. 2012년 총선에는 전국적 범진보 후보 단일화를 이루었다. 민주당과 경쟁하는 과정은 아주 힘들었다. 지면 아무것도 남지 않았고, 이겨도 웃을 일은 없었다.

민주당은 힘이 세다. 당원이 많고 국회의원도 많다. 시민사회 네트워크도 막강하다. 진보 정치를 하고 싶으면 민주당에서, 또는 민주당과 함께 하는 게 현명하다. 정당은 강력한 욕망을 품은 이들이 모이는 조직이다. 굳건한 대의(大義)로 제어하고 관리하지 않으면 작은 정당은 개별적 욕망과 충동을 화산처럼 내뿜고 제풀에 주저앉는다. 조국혁신당 국회의원과 당원들이 그 위험을 알리라 믿는다.

민주당,
유일한 진보 수권정당

기성복 정당

민주당과 국힘당은 한국 정치의 두 축이다. 1987년 민주
화 이후 집권당과 제1야당은 오직 그 둘뿐이었다. 두 정당은
박정희와 김대중의 정신을 계승한다. 굳이 시간을 거슬러 올
라가면 이승만과 윤보선도 호출할 수 있겠지만 현실적으로는
박정희와 김대중으로 충분하다. 둘 모두 이름이 여러 번 바뀌
었지만 지역적 계급적 기반과 이념 지향이 달라진 적은 없었
다. 국힘당은 한국형 보수정당, 민주당은 한국형 진보정당이
다.

우리 정치는 1987년 1노3김의 4당체제로 출발했다가
1990년 3당 합당 때 양당제로 바뀌었다. 김종필의 자민련, 정

주영의 국민당, 안철수의 국민의당 등이 3당 체제를 세웠지만 오래 가지 못했다. 2004년 총선에서 잠깐 위력을 떨쳤던 민주노동당도 사라졌다. 이번 총선에서 개혁신당과 진보당을 비롯한 소수 정당이 원내에 진입했지만 양당체제는 전혀 흔들리지 않았다. 조국혁신당은 양당체제를 사실상 더 강화했다.

정치학자와 비평가들은 양당체제가 바람직하지 않다고 한다. 하지만 그것은 국민이 오랜 시간에 걸쳐 내린 여러 차례의 정치적 선택이 만든 결과다. 평가야 어떠하든 사실은 그렇다. 가까운 미래에 양당체제가 무너질 가능성은 없다. 나는 아마도 죽을 때까지 두 정당 소속 대통령만 볼 것이다. 역사가 우리 세대에게 준 운명으로 여긴다.

국힘당과 민주당은 민주정의당과 평화민주당의 후신이다. 국힘당에 대한 나의 '아주 개인적인 생각'을 한 문장으로 말하면 '전두환이 만들었고 전두환을 부정하지 않는 정당'이다. 그 당에 속한 대통령이나 국회의원이 반박한다면 논쟁할 의향이 있다. 아니라고 생각한다면 소리쳐 보라. "우리는 민주정의당의 후예가 아니다!" 나는 국힘당 계열 정당 후보에게는 표를 주지 않는다. 우호적인 말을 한 일도 거의 없다. 하지만 그 존재는 인정한다. 세상에 어찌 내가 좋아하는 것만 있겠는가. 국민 절반이 지지하는 정당의 존재를 부정할 수는 없다.

그러나 정신이 멀쩡한 한 국힘당을 지지하지는 않을 것

이다. 전두환을 부정하지 않고 박정희를 숭배하며 이승만을 떠받드는 정당, 집권할 때마다 국민경제를 파탄에 빠뜨리고 대형 참사를 일으킨 정당, 내 청춘의 환희를 앗아간 독재자를 품은 정당을 어찌 지지하겠는가. 다시 말하지만 어디까지나 '아주 개인적인 생각'이다. 진리라고 주장하는 건 결코 아니다. 지지하지 않지만 더 나은 보수정당으로 발전하기를 바라는 마음은 있다.

두 가지만 바꾸면 좋겠다. 첫째는 헌법과 민주주의 규칙을 준수하는 것이고, 둘째는 현대적인 경제정책을 펴는 것이다. 그런 정당이라면 법 위에 군림하면서 표현의 자유를 억압하는 윤석열의 자의적 권력 행사를 맹종하지 않을 것이다. 위기에 직면한 국민경제를 살릴 방안을 찾을 수 있을 것이다. 국힘당이 발전해야 한국 정치도 발전할 수 있다.

나는 당원이 아니다. 십여 년 전 슬며시 정의당을 떠난 게 마지막이었다. 당원이 되는 것은 가치 있는 일이라고 생각하지만 내가 선택한 방식으로 사는 데 필요하지 않아서 당적을 버렸다. 헤아려보니 민주화 이후 16년 정도 여러 정당의 당원으로 살았다. 평화민주당과 열린우리당을 민주당의 전신으로 보면 7년 정도는 민주당 당원이었다. 선거는 '기성복 고르기'다. 나는 이 말을 대통령이 되기 전의 노무현에게 들었다. 정치시장에는 맞춤복이 없다. 사람은 저마다 다르다. 많은 사람이 모인 정당이 어떻게 모든 면에서 내 마음에 들겠는가. 존재하는 정당 중에 제일 믿을만하다고 생각하는 정당, 제일 나아 보이는 후보를 선택하면 된다.

민주당은 내가 제일 신뢰하는 브랜드다. 나는 민주당의 역사와 정치노선과 조직문화를 어느 정도 안다. 민주당은 군사독재와 싸워 민주주의를 성취했으며 최초의 평화적 정권교체를 실현했다. 최저임금 인상과 복지예산 확대를 중심으로 서민과 중산층의 삶을 향상하는 데 초점을 둔 경제정책을 편다. 국민경제를 운영하는 능력도 훌륭하다. 재임 중 달러표시 1인당 국민소득 증가율을 기준으로 실적을 평가하면 노무현 · 김대중 · 문재인 정부가 노태우 · 김영삼 · 이명박 · 박근혜 정부를 압도한다. 민주당은 권위주의를 타파하고 개인의 자유를 북돋움으로써 문화산업 발전의 정치적 기초를 제공했다. 인터넷과 이동통신 등 새로운 산업 분야를 개척한 것도, 전쟁의 위험을 줄이고 남북의 공존을 추진한 것도 민주당 정부였다.

나는 모든 선거에서 민주당을 지지했다. 다른 정당의 당원이었던 때도 표를 주지는 못했지만 언제나 국힘당보다 나은 성적을 거두기를 응원했다. 이번 총선도 그랬다. 하지만 민주당이 모든 면에서 마음에 드는 것은 아니다. 민주당의 모든 정치인을 좋아하지도 않는다. 그러면 어떤가. 선호하는 브랜드라고 해서 출시한 모든 옷의 디자인과 품질이 내 마음에 들기를 바랄 수는 없다. 맞춤복이 아니라 기성복이니까, 원래 그런 것이다.

당원 민주주의

'마음에 들지 않는 면'을 민주당의 '문제점'이라든가 '혁신과제'라고 하지는 않겠다. '당신 마음에 들지 않을지는 몰라도 이건 문제가 없는 거야!' 그렇게 말할 민주당원이 있을 것이다. 그래도 민주당이라는 브랜드를 신뢰하는 유권자로서 '아주 개인적인 생각'을 세 가지만 말하겠다.

첫째, 대의원 제도를 정비해야 한다. 대의원 제도는 필요하다. 당의 일상적 의사결정을 모두 당원 투표로 할 필요는 없다. 웬만한 것은 중앙당이나 시·도당 대의원이 당원을 대신해 결정해도 된다. 하지만 대통령과 국회의원을 비롯한 공직선거 후보를 뽑거나 당 대표와 최고위원 같은 당직자를 선출할 때 대의원에게 특별히 큰 권한을 주는 건 아무래도 이상하다. 정치인이 당원을 지배했던 구시대 정치의 유물이 아닌가 싶다. 대의원이 된다는 것은 당원으로서 명예로운 일이다. 그것으로 충분하다. 반대급부로 특권을 요구할 이유가 없다.

송영길 대표와 여러 국회의원이 엮여들어 고초를 치렀던 소위 전당대회 돈 봉투 사건이 왜 일어났는가? 지역위원장과 국회의원이 대의원을 사실상 지명하고, 대의원의 한 표에 일반당원 표의 수십 배 가중치를 부여하니까 그런 부패가 생긴 것 아닌가. 부패의 근원을 왜 없애버리지 않는지, 이해하지 못하겠다. 오해를 막기 위해 덧붙인다. 송영길이 그 돈 봉투 사건에 책임이 있는지, 징역형에 처해야 할, 구속당해야 할 범법행위를 했는지 나는 모른다. 법률가인 송영길이 그랬을 리 없다고 본다. 법원이 늦게라도 보석을 허가해서 그나마 다행이다. 우리나라 판사들은 구속영장 자판기처럼 일한다. 심각한 문제다.

둘째, 지역위원장의 부당한 특권을 없애야 한다. 민주당 지역위원장은 대부분 국회의원이거나 국회의원에 출마할 사람이다. 그들이 대의원 선정에 영향력을 행사하고 당원명부를 관리한다. 국회의원 후보 자리를 두고 경쟁하는 다른 정치인은 당원의 이름도 모르는데 지역위원장은 당원에게 일일이 전화를 건다. 이것은 공정한 경쟁이 아니다. 국회의원이 밖에서는 민주주의자인데 지역구에서는 왕이다. 무슨 문제가 생겨서 탈당하면 당원명부를 가져간다. 다른 정당 후보가 되어 선거운동 문자를 보낸다. 이런 일을 막으려면 개인정보가 든 당원명부를 엄격하게 관리해야 한다. 지역위원장이 아닌 누군가를 지역위원회 정보관리자로 지정해 당원의 개인정보를 국회의원이 사적으로 소유하지 못하게 해야 한다. 결코 사소한 문제가 아니다.

셋째, 당원의 권한 확대를 고민할 때가 되었다. 어떤 국회의원은 당원의 의사와 당 지도부의 방침을 무시하고 제멋대로 행동한다. 당 지도부를 공공연히 비방하고 당원을 모욕한다. 그래도 당원이 어떻게 할 방법은 없다. 전화를 해서 비판하면 '강성당원'이니 '개딸전체주의'니 '홍위병'이니 하면서 비난한다. 문자를 보내면 폭탄이라고 소리친다. 다음 총선 후보 경선 때까지 참고 기다리는 것 말고는 할 수 있는 게 없다.

이것은 민주당의 정체성, 민주당의 존재 가치에 관한 문제다. 민주당이 180석을 가지고도 한 일이 없다는 말을 들을 때마다 당원들은 모욕감을 느꼈다. 윤석열이 거부권을 행사해 폐기한 간호법과 노란봉투법을 보라. 간호사 단체와 보건의료 전문가들은 오래전부터 간호사의 지위와 역할을 법률로 명확하게 규정하라고 요구했다. 손해배상 청구소송 제도를 악용해 파업권을 봉쇄하고 파업 노동자에게 보복하는 기업의 위헌 행위를 막아달라고 노동계가 국회와 정부에 요청한 것 역시 오래되었다. 국힘당은 민주당이 윤석열 정부를 골탕 먹일 목적으로 간호법과 노란봉투법을 강행 처리했다고 비난했다. 일리 있는 비판이었다. 민주당이 중산층과 서민의 정당임을 표방하는 정당답게 여당 시절 간호법과 노란봉투법을 처리했다면 대통령 거부권 따위는 고민할 필요도 없었을 것 아닌가.

민주당이 아무 일도 하지 않은 것은 아니다. 다수 여당으로서 많은 일을 했다. 그러나 의사협회와 기업의 눈치를 보면서 간호법과 노란봉투법 처리를 미룬 건 사실이다. 왜? 민주당의 정체성을 망각한, 민주당이 왜 존재하는지 모르는 국회의원이 적지 않았던 탓이다. 민주당에는 대의에 헌신하는 정치가도 많지만 언론과 기득권층의 눈치를 보면서 이익을 챙기는 정치업자도 많다. 정치가가 되려고 들어왔지만 오래 국회의원을 하면서 정치업자가 된 경우도 흔하다. 논의할 때는 마음껏 소신을 펴되 당론이 정해지면 따르는 것이 원칙인데도 정치업자들은 그런 원칙을 지키지 않는다. 당의 의사결정을 지연시키는 방식으로 개혁입법을 막는다. 그런 국회의원이 많아서 여당 시절 간호법과 노란봉투법을 처리하지 못한 것이다.

이런 문제를 누가 어떤 방법으로 해결할 수 있을까? 권위주의 시절에는 공천권을 쥔 당의 총재가 정리했다. 그러나 지금의 당 대표는 그럴 권한이 없다. 후보 경선 때가 아닌 평시에는 당원이 개입할 수도 없다. 민주당 소속 국회의원이 당의 강령과 정책노선을 위배하는 활동을 하거나 당원들의 요구를 무시하지 못하게 하려면 제도를 보완할 필요가 있다. 당 대표와 지도부의 정치력으로 풀어나가는 데는 한계가 있다. 얼마 전 벌어진 22대 국회 전반기 국회의장 후보 경선 이후의 대규모 탈당사태는 이 문제를 방치하지 말라는 경고였다.

민주당은 진보정당이지만 중도보수 성향의 국회의원도 있다. 주로 그런 정치인들이 다선 의원이 되어 국회의장 부의장 자리를 차지했다. 국회의장은 국회의원이 선출하기 때문에 당원들은 큰 관심이 없었다. 22대 국회의 의장 후보 선출에 전례 없이 높은 관심을 보인 데는 특별한 이유가 있었다. 21대 국회 전반기 국회의장 박병석은 검찰개혁 입법을 방해했다. 후반기 국회의장 김진표는 윤석열이 거부권을 남발하는데도 유감 표명조차 하지 않고 오히려 국회를 책망했다. 사실상 민주당을 비난한 셈이다. 민주당 당원들이 화를 낼만했다.

국회는 총선 민의를 받들 책무가 있다. 총선 민심은 윤석열 정권심판이었다. 민주당 당원과 지지자들은 새로운 국회의장이 국회법에 따라 적극적인 자세로 국회를 운영하고, 혹시 윤석열 탄핵안을 의결할 경우 단호한 자세로 임해주기를 원했다. 다선 의원 중 누가 제일 믿을만한지 살피다가 추미애 의원을 발견했다. 다른 이유는 없었다. 윤석열 검찰총장을 징계한 법무부장관 추미애, 그것이 전부였다. 추미애가 얼마나 훌륭한 의정활동을 했는지, 인격이 어떠한지, 국회의원들 사이에서 인기가 있는지 등등은 관심사가 아니었다. 그들은 보고 싶은 그림을 마음에 그렸다. 예산안 시정연설을 하러 국회 본회의장에 온 윤석열이 의장석의 추미애를 올려다보며 인사하는 장면을, 의미 없는 말을 늘어놓는 윤석열을 추미애가 못마땅한 표정으로 내려다보는 광경을 상상했다. 윤석열 탄핵안을 가결할 때, 의사봉을 두드리는 국회의장이 추미애라면 왠지 더 통쾌할 것 같았다.

그래서 여론조사 전화가 오면 국회의장 추미애를 원한다고 대답했다. 여론조사 결과를 보면서 혼자만 그랬던 게 아니라는 사실에 기뻐했다. 추미애와 우원식 의원 중 누가 국회의장 역할을 더 잘하느냐는 것은 따질 필요가 없었다. 그런데 민주당 당선자들이 우원식을 뽑았다. 모르고 한 일이 아니었다. 당원과 지지자가 압도적으로 추미애 국회의장을 원한다는 것을 모르는 사람은 없었다. 그래서 당원들은 화가 났다. 민주당 국회의원들이 이런 식으로 당원 여론을 무시한다면 22대 국회도 기대할 것이 없지 않은지 걱정했다. 화난 마음을 달리 표현할 길이 없어서 당 홈페이지에 접속해 탈당 신청을 했다. 그런 당원이 2만 명 넘었다. 예삿일이 아니었다.

민주당 국회의원 중에는 정치가도 있고 정치업자도 있다. 정치업자는 정치가보다 오래 국회에서 생존한다. 입법 활동보다는 또 국회의원이 되는 데 도움 되는 활동을 더 열심히 한다. 국회 상임위 회의와 지역구 행사가 겹치면 먼저 지역구에 간다. 지역주의 정치지형이 민주당의 정치업자 비율을 높인다. 호남에서는 민주당이라야 국회의원이 될 수 있다. 그래서 국힘당에 어울릴만한 사람도 민주당에서 정치를 한다. 윤석열 정부에서 고위 공직을 받은 예전 민주당 국회의원들을 보라. 2016년 총선에서 안철수와 함께 국민의당을 만들어 반문재인 감정을 부추기는 방식으로 호남을 석권했던 바로 그 사람들이다. 국회에 새로 들어온 호남 지역구 국회의원 중에는, 표를 내지 않아서 그렇지, 틀림없이 그들과 비슷한 정치업자가 섞여 있을 것이다.

정치업자는 여야 경합지인 충청·강원·수도권에도 있다. 그들은 공천을 받고 국회의원이 되는 데 유리한 정당을 선택했다. 무소속으로는 국회의원이 될 수 없다는 걸 알기 때문에 성향을 정직하게 드러내지 않는다. 비공개 의원총회에서는 개혁입법 처리에 반대하고 방송 카메라가 있으면 입을 다문다. 정치업자는 검찰과 싸우기를 꺼린다. 이재명 체포동의안에 몰래 찬성표를 던졌다. 민주당의 현역의원 평가 제도는 신기하게도 그런 정치업자를 많이 걸러냈다. 평가 제도의 그물을 통과한 경우는 당원들이 경선에서 탈락시켰다. 공천 배제되거나 경선 탈락한 국회의원이 다 정치업자였단 말은 아니다. 괜찮은 정치인이 그런 불운을 당하기도 한다.

소위 '비명'이나 '반명'으로 알려졌는데도 적합도 여론조사에서 도전자를 압도해 단수공천을 받은 국회의원도 있었다. 민주당 당원과 지지자들은 친명과 반명을 가리지 않고, 국회에서 윤석열의 폭정을 비판하고 바로잡는 일에 열정을 쏟았거나 능력을 발휘한 국회의원을 지지했다. 광주광역시 당원들은 현역의원 중에서 언론이 그토록 비난했던 민형배 의원 하나만 경선을 통과시켰다. 서울 광진을 고민정 의원과 과천·의왕의 이소영 의원은 단수 공천을 받았다. 민주당에서 국민의당을 거쳐 국힘당까지 갔다가 돌아온 이언주 의원도 당원 경선을 무난히 통과해 국회에 복귀했다. 지금 민주당은 야당이다. 당원들은 윤석열과 잘 싸우는 정치인을 도구로 선택했다. 의석 수는 4년 전과 비슷하지만 국회의원들의 전투력은 훨씬 강해졌다.

민주당 권리당원은 150만 명이 넘는다. 다음 지방선거와 대선 때는 200만 명을 넘길 전망이다. 민주당은 시민사회까지 포괄하는 범진보 플랫폼 정당으로 변모했다. 당원 여론과 국민 여론이 비슷해졌다. 당원투표로 공직 후보를 결정해도 국민 여론에 어긋나지 않는다. 민주당은 2004년 노무현과 열린우리당 창당 주체들이 품었던 백만 당원의 꿈을 그보다 더 크게 실현했다. 민주당 국회의원은 당원의 뜻을 존중하고 자신의 정치적 언행을 당원들에게 설명할 수 있어야 한다. 국회의장 후보 경선의 후폭풍은 민주당에 숙제를 주었다. 원내를 포함한 당 운영에 당원의 의사를 상시 반영하는 제도를 마련하라는 것이다. 민주당은 당원의 요구를 받들 것이라 생각한다.

시대정신과 청년정치

나는 국힘당과 민주당이 우리가 가질 수 있는 최상의 보수정당과 진보정당이라고 본다. 하지만 어디까지나 '오늘 시점'에서 그렇다는 말이다. 국힘당에 대한 바람은 앞에서 간단히 말했다. 민주당도 더 발전하기를 기대한다. 무엇보다 '서민과 중산층의 정당'으로서 집단적 의지를 확고하게 결집하기 바란다. 민주당의 역사, 오늘의 민주당이 되기까지 당원과 시민들이 치렀던 희생과 봉사, 한결같은 성원을 보냈던 시민들의 눈물과 환호, 윤석열 정권에 대한 국민의 절망과 분노를 받아 안고 미래로 전진하는 모습을 보고 싶다.

민주당은 시대정신을 짊어진 유일한 정당이다. 나는 그렇게 믿는다. 선거를 할 때마다 시대정신이 무엇인지 물을 필요는 없다. 시대정신이 선거 때마다 새로 나올 수는 없다. 여러 세대에 걸쳐 추구해야 겨우 이룰 수 있는 가치나 목표라야 시대정신이라 할 수 있다. 대통령이 되기 훨씬 전에 정치인 김대중은 우리가 추구해야 할 시대정신을 제시했다. 그것보다 높고 귀한 가치를 나는 아직 만나지 못했다.

이명박이 취임하고 얼마 지나지 않았을 때, 김대중은 노무현에게 '3대위기'를 거론하면서 함께 무엇인가를 하자고 제안했다. 그는 대한민국이 민주주의 위기, 민생경제 위기, 남북관계 위기에 빠졌다고 진단했다. 김대중은 분단과 전쟁과 독재로 만신창이가 되었던 대한민국이 추구해야 할 최고 목표를 '고루 잘 사는 사회', '수준 높은 민주주의', '평화로운 한반도'로 설정했다. 그것이 그가 찾은 시대정신이었다. 이명박이 그 모두를 짓밟는 것을 좌시할 수 없었다.

민주당은 김대중의 시대정신을 실현할 정치적 주체다. 김대중은 민주당의 정책노선을 '중도개혁주의'로 민주당의 정체성을 '서민과 중산층의 정당'으로 규정했다. 남북의 공존을 도모하고 점진적 평화적 통일을 실현할 국가연합 방안도 제시했다. 국민의정부·참여정부·문재인정부는 모두 그런 시대정신을 추구했지만 이명박과 박근혜는 외면했고 윤석열은 짓밟았다. 다시 말한다. 민주당은 서민과 중산층의 복지 향상을 정책의 목표로 삼는다. 자유와 인권을 보장하고 민주주의를 실천한다. 한반도에서 전쟁의 위험을 없애고 민족의 평화 공존을 도모한다. 이러한 시대정신은 김대중 개인의 것이 아니라 민주당의 것이며 같은 시대를 사는 모두의 것이다. 민주당은 그것을 실현할 의지와 능력을 가진 유일한 정당이다. 나는 민주당원이 아니지만 민주당을 이렇게 평가한다.

민주당이 미래에도 이러한 시대정신을 밀고 가려면 다음 세대 정치인을 길러야 한다. 그런데 민주당 상황을 보면 걱정이 앞선다. 2023년 봄 「한국일보」가 청년 칼럼을 실었는데, '아직도 뭘 혁신해야 하는지 모르는 민주당'이라는 제목이 민주당 혐오 분위기를 짙게 풍겼다. 신문사가 '2030의 시선으로 한국정치와 한국사회를 논하는' 필자로 발탁했다는 그 청년은 마지막 단락에 내가 2007년 했던 말을 인용했다.

"우리가 국민을 행복하게 해드리지 못해서 당 지지율이 떨어졌는데 반성해서 다시 사랑받을 생각은 하지 않고, 세력 통합으로 덩치를 키우면 다시 한나라당에 맞설 수 있지 않느냐, 이런 식의 정치를 보여주고 있다. 국민은 어느 정당이든 국민을 행복하게 하는 좋은 정책을 내고 국회의원들이 열심히 일하기를 바란다."

그는 민주당이 이런 문제의식이 없다면서 16년 전의 혼란스러웠던 대통합민주신당만도 못한 수준이라고 혹평했다. 틀린 말이다. 2023년의 민주당은 정책, 당원제도, 공직후보 선출 방식, 정당문화 등 모든 면에서 2007년의 대통합민주신당과 달랐다. 비교할 수 없을 만큼 높은 수준으로 발전했다. '2030 대표 필자'로 한국일보가 발탁한 청년은 내 말을 엉뚱한 맥락에 넣어 민주당을 공격하는 도구로 썼다. 언론이 이러는 것은 새롭지 않다. 그들은 지난 대선 때부터 MZ세대니, 2030이니, 청년정치니 하는 '세대정치론'을 퍼뜨리면서 '이념'을 거부한다고 하는 젊은이들을 청년 대표로 캐스팅했다.

언론이 발탁한 청년들은 청년의 삶을 개선하는 데 필요한 정책을 중심으로 단체를 만들어 활동한다. 그들의 단체는 이념을 가리지 않고 사람을 받아들여 기초의회부터 국회까지 공직 진출을 지원한다. 정당을 따지지 않고 정책을 세일즈한다. 그런데 자세히 보면 이념을 거부하는 게 아니라 민주당의 이념을 거부한다. 극우에 가까운 윤석열 정부와 국힘당의 이념에 대해서는 아무 말도 하지 않는다. 언론이 세대 대표로 간택한 청년들은 재벌언론과 족벌언론과 건설사언론이 보도하는 사실과 그 사실을 해석하는 논리를 받아들여 그들이 원하는 인터뷰를 하고 그들이 칭찬하는 칼럼을 기고한다.

언론은 늘 그렇게 해 왔다. 문제는 정당이다. 정당 중에도 국힘당은 괜찮다. 그런 청년들은 국힘당에 잘 어울린다. 그런데 민주당의 청년정치인이 그렇게 하는 것은 아무래도 이상하다. 언론이 퍼뜨린 논리를 짜깁기해 민주당의 '반성'과 '성찰'을 요구하는 기자회견을 하거나 지도부를 비난하는 SNS 글을 올림으로써 인지도를 높이는 것을 청년정치라고 할 수는 없다. 민주당 청년조직의 리더 중에는 다른 정당으로 이적해 비례대표 후보가 된 경우도 있었다. 몇몇은 경선후보 자격 심사를 통과해 지역구 후보 경선에 뛰어들었지만 아무도 경선을 통과하지 못했다. 민주당의 청년정치를 보면 미래가 어둡다. 언론이 주로 보도한 민주당 청년정치인들은 무슨 논란거리가 생길 때마다 사실 확인도 하지 않고 관련 정치인의 사퇴나 출당을 외쳤다. 당원들은 그런 청년들에게 국회의원 선거에 나갈 기회를 주지 않았다. 현역의원이 불출마하고 청년특구로 정한 서울의 한 지역구에서만 청년 후보끼리 경선을 했고, 경선에서 이긴 후보가 국회의원이 되었다. 지난 몇 년의 민주당 청년정치는 완전히 망했다.

언론이 '탈이념'을 부추기고 진영논리를 비판하는 것은 민주당을 공격하기 위해서다. 민주당 청년정치인은 언론 보도에 매달리지 말아야 한다. 언론의 보도량은 주장의 타당성을 입증하는 지표가 아니다. 어떤 문제를 어떻게 볼 것인지는 스스로 판단해야 한다. 언론은 민주당에 해가 되는 주장일수록 더 많이 보도한다. 그것이 어떤 사실의 뉴스가치를 판단하는 그들의 기준이다. 언론이 많이 보도하면 '마이크 파워'가 커진다고 착각하면 자신의 앞길을 자기 손으로 막게 된다.

민주당 청년정치인은 이념을 가져야 한다. 이념은 일관된 생각의 체계다. 정치로 범위를 좁히면 '사회를 조직하고 운영하는 목표와 방법에 대한 생각의 체계'다. 이념이 비슷한 사람들이 손잡고 함께 일하면 진영, 정치세력, 정당이 된다. 정당이 사회의 목표와 목표를 이루는 방법을 제시한 것을 강령과 정책이라고 한다. 정당이 정책으로 대중의 신임을 얻어 권력을 차지하고 헌법과 법률이 허용하는 방법으로 국가의 기능과 작동 방식을 바꾸어 나가는 것을 개혁이라고 한다. 정치는 이념을 다듬는 데서부터 국가의 기능을 바꾸는 것까지 모든 개별적 집단적 활동을 포괄하는 개념이다. 그런 일을 직업으로 하면 직업정치인, 주권자 · 시민 · 당원으로서 참여하면 생활 정치인이다.

사람은 저마다 생각이 다르다. 누가 옳은지 가릴 방법은 없다. 그런데 정부는 하나뿐이다. 이념의 다양성은 정부의 단일성과 필연적으로 충돌한다. 민주주의는 그 충돌을 해소하고 완화하는 방법과 절차이다. 무슨 이념이든 다 표현할 수 있게 하고, 같은 이념을 가진 사람들이 자유롭게 정당을 만들게 하고, 다수의 신임을 받은 정당이 법이 정한 기간 동안 국가를 운영하게 하고, 다음 선거에서 이긴 다른 정당이 국가권력을 넘겨받게 한다. 이러한 '무한반복 게임'으로 서로 다른 이념을 가진 개인과 집단의 공존을 도모하는 것이 민주주의 정치제도의 핵심이다.

민주주의는 '극단적 이념'도 배척하지 않는다. 극단적 이념을 왜 극단적이라고 하는가? 극소수만 이해하고 찬성하니까 극단적이라고 한다. 그런 이념은 사회를 위협하지 않는다. 반드시 틀린 것도 아니다. 다수의 이해와 지지를 얻으면 사회의 통념이 된다. 노예해방, 인민주권, 페미니즘도 처음에는 극소수만 옳다고 여긴 '극단적 이념'이었다. 민주주의가 배격하는 것은 극단적 이념이 아니라 다른 이념을 폭력으로 공격하고 말살하려는 독선과 불관용이다. 다수파든 소수파든 상관없다. 자신이 옳다고 여기는 이념을 폭력으로 타인에게 강요하는 행위는 용납하지 말아야 한다.

윤석열은 모든 면에서 문재인과 다르다. 미국·일본과 손잡고 중국·러시아에 맞서는 신냉전체제 구축, 오로지 군사력으로 북한을 압박하는 대북정책, 노동시간을 늘리고 노동조합을 억누르는 노동정책, 쌀값 관리를 포기한 농업정책, 무분별한 부동산 규제 해제, 부자 감세, 검사와 극우 유튜버를 우대하는 인사정책, 미국의 보호무역주의를 추종하는 통상정책, 후쿠시마 오염수 해양 방류를 옹호하는 외교정책 등 윤석열의 모든 정책을 나는 반대한다. 하지만 그가 헌법과 법률이 부여한 권한으로 그런 일을 한다는 것은 인정한다. 그의 이념이 국민의 복리를 해친다고 보지만 내 생각이 틀렸을 가능성을 배제하지는 않는다.

이념을 배격하면 정치가 사라진다. 대한민국이 어디로 가야 하는지, 우리 사회가 어떤 목표를 추구해야 하는지, 어떤 방법으로 목표를 이루어야 하는지 말할 수 없다면 정치인 자격이 없다. 목표도 없고 방법도 모르면서 누구를 어디로 데려가겠다는 말인가. 이념이 없으면 정책도 정치도 없다. 이념을 가리지 않고 청년을 정치에 진출시키는 것은 영업이지 정치가 아니다.

내가 2007년 한 말은 당시 민주당 상황에 비추어야 의미를 알 수 있다. 열린우리당은 과반 의석이 무너졌지만 여전히 압도적인 제1당이었다. 그런데도 대선 여론조사는 이명박의 압승을 예고했다. 열린우리당은 국회의원이 몇 되지도 않았던 소위 '잔류 민주당'과 합치겠다고 대통합민주신당으로 이름을 바꾸고 한나라당의 손학규를 후보 경선에 초대했다. 그렇게 하려고 당의 정책과 당원제도를 다 내다버렸다. 지지율이 낮다는 이유로 노무현 대통령을 당에서 내쫓고 정치적으로 공격했다. 결국 대선에서 5백만 표 넘게 졌다. 원칙 없는 패배, 최악의 결과였다.

　이념을 배격한다고 하면서 실력자에게 줄을 대어 청년 대표로 발탁되려고 하는 정치 지망생을 민주당은 멀리하기 바란다. 중앙당과 시도당의 당직자로서 당의 발전에 헌신하는 젊은이들, 지방의원으로서 행정을 경험하고 공부하고 시민들과 소통하며 정치적 능력을 쌓아나가는 젊은이들에게 더 많은 정치적 기회를 제공하면 좋겠다. 당직자도 지방의원도 아니지만 자신의 지식과 경험과 전문성을 활용해 당의 활동에 봉사하는 청년들을 눈여겨보기 바란다. 민주당은 밖에서 인재를 데려오려고 노력하는 동시에 안에서도 훌륭한 정치인을 길러야 한다. 정치 실세한테 줄을 대는 여의도 건달이 아니라 스스로 무엇인가를 성취하려고 노력하는 청년정치인을 우대해야 한다.

윤석열의 가장 무서운 적은 민주당이다. 이재명은 생존할 것이다. 그러나 윤석열이 그를 제거하는 데 성공한다고 해도 민주당을 무너뜨릴 수는 없다. 민주당 당원이 늘어나고 신뢰하는 국민이 많을수록 윤석열의 운명은 어두워진다. 윤석열은 민주당의 정신과 역사와 구조를 모른다. 그가 공격할수록 민주당은 더 강해질 것이다. 검찰독재 정권은 민주당이 재집권함으로써만 종식할 수 있다. 민주당 말고는 정권을 맡을 능력을 지닌 진보정당이 없다.

—

제6장

그의 운명

자진 사퇴

협치

대결

자진
사퇴

잘못된 만남

어느 시사비평 프로그램에 출연했더니 진행자가 물었다. "보수정당이 집권한다고 해서 나라가 망하는 건 아니라고 했는데, 그 말 여전히 유효한가요?" 어떤 시민이 거리에서 나를 붙들고 말했다. "정말 나라 안 망하나요? 망할 것 같아 무서워요." 나는 매번 이렇게 대답했다. "대한민국이 멍들고 상처 난 건 맞습니다. 그러나 아직 뼈가 부러진 건 아닙니다. 이 정도론 죽지 않습니다." 지금 같은 질문을 받는다면 다르게 말할 것 같다. "정말 망할지도 모르겠네요."

윤석열은 늘 화난 표정이다. 내 눈으로 보지 못해서 확언할 수는 없지만 검사 시절에도 그랬지 않았나 싶다. 앞으로도 그는 화난 얼굴로 살아갈 것이다. 감정도 전염된다더니 측근들도 그렇다. 양평 고속도로 노선을 변경한 것이 대통령 처가의 땅과 무관하다면 바꾼 이유를 설명하고 바꾼 과정을 공개하면 된다. 그런데 원희룡은 국회에 나와 야당을 비난하면서 사업을 아예 백지화하겠노라고 소리를 질렀다. 한동훈은 청담동 술자리 의혹을 거론한 야당 국회의원한테 화를 냈다. '나는 자리를 걸겠다. 당신은 무엇을 걸 거냐!' 국힘당은 총선을 앞두고 동네마다 야당을 비난하는 현수막을 걸었다. 하나같이 화를 내는 문장이었다.

당선자 시절부터 윤석열이 '격노'했다는 언론보도가 나왔다. 지금도 여전하다. 의대 입학정원 문제로 총선 직전 담화를 발표할 때도 그는 화를 냈다. 총선 후 첫 국무회의 모두 발언을 할 때도 그랬다. 나는 잘했는데 이럴 수가 있느냐고 화내는 것 같았다. 화가 날 법도 한 상황이다. 하고 싶은 일을 하지 못했다. 무엇 하나 마음먹은 대로 된 것이 없었다. 앞으로도 그럴 것 같다. 왜 화나지 않겠는가.

주 69시간 노동을 허용하는 근로기준법 개정을 하지 못했다. 최저임금보다 적은 돈을 받고 일할 수 있게 허용하는 노동시장 개혁도 안 되었다. 야간 집회와 대통령실 근처 시위를 막는 집시법 개정도 못했다. 검찰을 동원해 2년 넘게 수사했는데도 이재명을 구속하는 데 실패했다. 부자 감세도 마음먹

은 만큼 하지는 못했다. '간호법'과 '노란봉투법'부터 '양곡관리법' '김건희 특검법' '대장동 50억 클럽 특검법' '전세사기 특별법' '채해병 특검법' 등을 모조리 거부해서 폐기했는데, 22대 국회가 문을 열자말자 야당은 비슷한 법률안을 다시 들고 나왔다. 조국이 대통령 임기를 1년 단축하는 개헌안을 제안하자 나경원 등 국힘당 정치인들이 맞장구를 쳤다. 여론조사를 보니 제멋대로 해서 총선을 망친 한동훈이 당 대표에 출마하면 압도적으로 당선한다고 한다. 국무총리를 새로 지명해야 하는데 야당이 누구든 다 낙마시킬 태세라 이럴 수도 저럴 수도 없다. 화가 날 수밖에 없다.

그는 불행하다. 장모는 감옥에 갔다 왔고, 아내는 외국 회사의 조그만 파우치 때문에 반년 넘게 숨어 지내다가 겨우 밖으로 나왔다. 술을 마음껏 마실 수 없다. 가기 싫은 행사에 가야 한다. 채해병 특검법을 거부해 폐기시켰는데, 개인용 휴대전화로 이종섭과 통화한 기록이 나와 버렸다. 해병대 수사단의 자료를 경찰에서 되찾아오고 박정훈을 군사법원에 항명죄로 기소한 것이 대통령의 지시에 따른 것이었다는 보도가 쏟아졌다. 이런 판국에 한국갤럽은 국정수행 부정평가 70퍼센트 긍정 평가 21퍼센트 전화여론조사 결과를 내놓았다. 조국혁신당 국회의원들은 대통령이 보낸 축하 난을 내다버리면서 탄핵 노래를 부른다. 그래도 어떻게 할 방법이 없다. 현직에 있어도 이런데, 퇴임하고 나면 어떻게 될지 불안하기 짝이 없다.

모든 불행의 원인은 '잘못된 만남'이다. 대한민국 대통령 자리와 인간 윤석열은 만나지 말았어야 했다. 그는 대통령직을 감당할 능력이 없다. 더 심각한 문제는 '자기객관화'를 하지 못하는 사람이라 본인이 그 사실을 알지 못한다는 것이다. 윤석열은 '더닝-크루거 효과'의 존재를 입증하는 사람이다. 너무 어리석어서 자신이 어리석다는 사실을 인지하지 못한다. 자신이 무능하다는 사실을 알지 못할 정도로 무능하다. 그래서 그는 자신의 운명을 스스로 만들지 못한다. 운명이 그를 덮친다. 자신에게 왜 그런 운명이 닥쳤는지 이해하지 못한다.

자진 사퇴할 능력

그가 선택할 수 있는 대안이 둘 있다. 하나는 바람직하고 다른 하나는 무난하다. 둘 모두를 거부하면 그가 바라지 않는 운명이 주어진다. 가장 바람직한 선택은 자진 사퇴다. 그 자신과 가족과 한국 정치와 국민의 불행을 최소화할 수 있다. 반드시 '자진' 사퇴여야 한다. 사임하지 않아도 될 상황에서 사임하는 것이다. 사임하지 않으면 더 곤란해진다는 것이 명백한 상황에서 하면 자진 사퇴가 아니다. 한국 정치와 국민한테는 자진 사퇴나 마찬가지지만 윤석열 자신과 가족한테는 불리하다. 불행을 다 피하지는 못하기 때문이다.

그가 스스로 물러날 가능성이 있는가? 없다. 그런데 왜 자진 사퇴를 검토하는가? 실현 가능성이 낮은 경로를 하나씩 삭제하려고 검토한다. 그렇게 하다 보면 가능성이 가장 높은 경로가 남는다. 그게 윤석열의 운명이 된다.

그가 대통령직을 사임하면 국무총리가 권한대행을 맡는다. 헌법에 따라 60일 안에 임기 5년의 대통령을 새로 뽑는다. 당선자는 곧바로 대통령 권한을 행사한다. 그것 말고 달라질 건 없다. 국회와 지방정부는 하던 일을 그대로 하면 된다. 2017년에 한 번 겪어 본 일이다. 탄핵이든 사임이든, 후임 대통령을 뽑는 절차는 같다. 그 다음 시나리오는 이렇게 된다.

국회와 국민은 자진 사퇴한 윤석열을 너그럽게 대한다. 법대로 처벌하라고 하는 사람도 있겠지만 민심은 그렇지 않을 것이다. 대한민국은 법치국가니까 윤석열과 가족의 범죄 혐의를 그냥 넘길 수는 없다. 검찰은 최소한으로 조사하고 법률이 허용하는 범위에서 가장 관대한 처분을 한다. 법원이 유죄를 선고하는 경우 대통령은 지체 없이 사면한다. 국민은 자진 사퇴한 점을 고려해 용인할 것이다.

박근혜도 이렇게 했으면 불행을 피할 수 있었다. JTBC가 최순실의 태블릿을 열어 국정 개입 사실을 폭로하자 박근혜는 미적지근한 사과 담화를 발표하고 자리를 지켰다. 후속

담화에서도 변명으로 일관하면서 공을 국회로 떠넘겼다. 국민의 분노가 하늘을 찌르자 여당 의원들이 대거 탄핵에 가담했고 특검 수사가 이어졌다. 국민 80퍼센트가 탄핵에 찬성하고 구속 수사를 요구한다는 여론조사 결과가 줄을 잇자 법원은 구속영장을 발부했고 헌법재판소는 국회의 탄핵을 인용했다. 대통령직을 수행하는 것이 나라와 국민에게 좋지 않다고 생각한다면서 일찌감치 사임했다면 상황이 달라졌겠지만 박근혜는 그럴 만큼 지혜롭지 않았다. 아무 근거도 없이 헌법재판소의 탄핵 기각 결정을 기대하면서 군대를 동원해 규탄 시위를 진압할 궁리를 했다. 박근혜의 어리석음이 탄핵과 구속이라는 비운을 만들었다.

윤석열은 어떨까? 어리석음으로 말하자면 박근혜를 능가한다. 그도 자진 사퇴 결정을 할 능력이 없다. 자기객관화 또는 메타인지 능력이 뛰어나야 그런 선택을 할 수 있다. 노무현은 집권 초기 국정수행 지지율이 매우 낮아지자 국민의 신임을 받지 못하는 대통령이 계속 자리를 지키는 것이 국민에게 좋은지 고민했다. 청와대 참모들은 속을 태우며 고민하는 대통령을 말렸다. 청와대 정책실장을 지낸 이정우 교수는 『노무현과 함께한 1000일』(한겨레출판, 2024)에 그때 상황을 상세하게 서술했다.

여당이 재보궐 선거에서 패배해 원내 과반 의석이 무너

지자 노무현은 야당에 국회의원 선거구제 변경을 전제로 대연정을 제안했다. 자신의 임기를 1년 단축해서 대선과 총선을 2년마다 번갈아 치르게 하는 원포인트 헌법개정안을 국회에 내기도 했다. 윤석열은 이런 고민을 하지 않는다. 가장 높은 자리에 가는 것 자체를 목적으로 삼았던 사람이 스스로 권력을 내려놓을 리가 없다. 어떤 경우에도 자진 사퇴는 하지 않는다. 자진 사퇴가 모두에게 최선이라고 조언하면 '격노'해서 쌍욕을 퍼부을 것이다.

협치

민주당 주도 대연정

자진 사퇴 다음으로 바람직한 방안은 협치(協治)다. 협치는 뜻이 명확하지 않은 말이다. 언론인과 정치인들은 여야가 서로 상의하고 양보하고 타협해 가면서 일을 풀어나가는 것을 협치라고 하지만, 국어사전은 협치의 뜻을 전혀 다르게 설명한다. 여기서는 정치 보도의 용례를 존중해서 '대화와 타협의 정치'와 동일한 의미로 사용하겠다. 두 글자라 간편해서 좋다. 그런데 이상하게도 언론은 문재인한테는 협치 노래를 부르더니 윤석열한테는 입도 벙긋하지 않는다. 심지어는 민주당더러 협치를 하라고 한다. 권력은 윤석열이 쥐었는데 왜 그러는지 모르겠다.

어쨌든 윤석열이 협치를 한다면 좋은 일이다. 이재명과 영수회담을 했으니 자신이 협치를 하고 있다고 생각할지도 모르겠으나, 그런 정도로는 협치의 발끝에도 미치지 못한다. 야당 대표를 만난다거나, 야당과 정기적으로 정책을 협의한다거나, 야당과 연고 있는 사람을 총리나 장관으로 기용하는 정도로는 운명을 바꾸지 못한다. 사임에 준하는 수준의 결단을 해야 바꿀 수 있다.

내가 말하는 협치는 윤석열이 '민주당 주도 대연정'에 국정 운영의 전권을 넘겨주고 상징적 국가원수로서 남은 임기를 채우는 방안이다. 구체적으로는 다음과 같은 일을 해야 한다. 대통령은 국힘당 당적을 버림으로써 집권당을 없앤다. 원내 제1당인 민주당과 제2당인 국힘당이 대연정에 합의하고 연정협의회를 구성한다. 윤석열은 연정협의회가 추천하는 사람을 국무총리로 임명한다. 국무총리가 연정협의회와 상의해서 장관 후보를 정하면 윤석열은 그대로 임명한다. 두 당의 정치인도 내각에 들어온다. 연정협의회는 대통령 임기가 끝날 때까지 함께 집행할 과제에 합의하고 필요한 입법을 신속하게 처리한다. 대선과 총선 공약 가운데 합치하는 것부터 실행에 옮기되 경제 살리기를 위한 긴급 과제를 최우선으로 수행한다.

대연정을 원만하게 유지하기 위한 정치적 화해조처를 내린다. 국무총리는 이재명을 포함한 야당 정치인에 대한 검찰의 공격을 중단시킨다. 정치적 목적으로 만든 형사사건의 공소를 취하한다. 윤석열은 재판이 끝난 정치사건 관련자를 여야 불문하고 사면한다. 야당은 대통령 부부와 한동훈 등을 겨냥한 특검법 추진을 모두 중단한다. 국무총리는 검찰이 윤석열과 가족의 범죄 혐의를 최소한으로 수사해 최대한 관대하게 조처하도록 한다. 방통위·방심위·감사원·권익위 등 국가기관을 동원해 전 정부 인사와 야당 정치인과 언론을 공격하는 행위를 모두 중단한다. 요약하면 윤석열이 야당 추천 국무총리에게 내치 권한을 모두 넘기고 남은 임기 동안 내각제 국가의 대통령처럼 상징적인 국가원수 역할을 하는 것이다. 연정협의회는 차기 대선이 임박한 시점에서 선거관리 중립내각에 권한을 넘기고 해산한다.

윤석열이 이런 방안을 받아들일까? 그럴 가능성은 자진 사퇴만큼이나 희박하다. 윤석열은 여당이 총선에서 참패했다는 사실을 인정하지 않는다. 그래서 아무것도 바꾸지 않았다. 자신이 피의자인 채해병 특검법마저 거부했다. 모든 것이 총선 전 쌍특검법안을 거부하고 폐기했을 때와 같다. 그때 윤석열은 비서실장의 입을 빌려 야당을 비난했다. 총선 여론 조작 목적, 이재명 방탄, 친야 성향 특검의 여론 조작과 인권 침해, 혈세 낭비 등을 거론했지만 요지는 하나였다. '특검은 싫다!'

윤석열이 단지 아내를 지키려고 쌍특검법안을 거부한

것은 아니다. 자기 자신도 지키려고 거부했다. 김건희와 최은순이 도이치모터스 주가조작에 가담했다는 것은 증명된 사실이다. 공범들의 재판에서 계좌 내역과 통화 녹취록을 포함한 증거가 충분할 정도로 나왔다. 거기서 얼마나 이득을 보았는지 액수를 명시한 검찰의 보고서도 있다. 그러나 그것은 권력형 범죄가 아니다. 혼인하기 전 일이라 윤석열하고 관계가 없다. 그러나 주가조작 사실이 드러난 뒤 김건희가 조사를 받지도 기소되지도 않은 것은 권력형 범죄와 관련이 있을 수 있다. 검찰이 사건 관련자들을 수사하고 기소한 시점에는 김건희가 윤석열 검사의 배우자였다. 그가 중앙지검장과 검찰총장으로 재직한 시기에 진상 규명 요구가 빗발치는데도 검찰은 서면 조사를 한 번 했을 뿐이다.

문재인 정부 검찰이 탈탈 털었는데도 죄가 되지 않아 기소하지 못한 게 아니다. 검찰총장의 배우자라서 범죄 혐의가 뚜렷한데도 검찰이 수사를 하지 않은 것이다. 윤석열이 대통령에 취임하고 2년이 지나도록 검찰은 기소하지도 않고 무혐의 종결하지도 않으면서 '법과 원칙에 따라 수사하고 있다'라는 말만 되뇌었다. 대통령 배우자가 아니라면 그렇게 했을 리 없다. 윤석열도 김건희 특검법의 잠재적 피의자였다. 그는 자신을 위해 거부권을 행사했다. 이런 의심은 검찰 인사 때문에 더 짙어졌다. 이원석 검찰총장이 김건희 소환조사 방침을 거론한 직후 윤석열은 자신이 폐지했던 민정수석을 부활시켰다. 검찰총장을 건너뛰어 검찰 간부 인사를 전격 단행했다. 서울중앙지검의 김건희 수사 담당 조직을 폭파해 버렸다.

50억 클럽 특검법안도 그와 관련이 있다. 클럽 멤버에 박근혜를 수사했던 박영수 특검이 있었다. 박영수는 윤석열을 수사팀장으로 발탁했다. 두 사람은 보스와 부하 관계였다. 그래서 부산저축은행 사건 의혹이 나왔다. 대검 중수부의 주임 검사 윤석열이 대장동 일당의 부산저축은행 불법 거액 대출 사실을 알면서도 브로커의 변호사 박영수의 부탁을 받고 사건을 눈감아 주었다는 것이 의혹의 핵심이다.

윤석열 어록에 이런 말이 있다. "특검을 왜 거부하느냐? 죄지었으니까 거부하는 것이다." 특검이 엄중하게 수사를 하면 윤석열이 부당하고 위법한 방식으로 권한을 행사했는지 여부를 확인할 수 있다. 죄가 없다면 의혹을 털어내고 결백을 증명할 기회로 삼으면 된다. 그런데도 사실의 근거도 없고 논리의 규칙에도 어긋나는 말들을 내세워 거부권을 행사했다. 윤석열의 어록에 따르면 '죄를 지었기 때문'이다.

위기의 시작

채해병 특검법은 그보다 더하다. 채해병 순직사건 수사

외압 의혹은 이제 의혹이 아니다. 사실의 얼개가 거의 다 드러 났다. 해병대 수사단장 박정훈은 군사법원법 등 관련법규에 따라 채해병 사망사건의 경위를 조사했고 해병대 1사단장을 포함한 지휘관들의 혐의를 특정한 수사 자료를 경찰에 이첩했 다. 그런데 보고를 받은 윤석열이 무슨 일 때문인지 '격노'해 대통령실 참모들과 국방부장관 이종섭 등에게 소리를 질렀다. 대통령이 왜 일개 사단장의 형사 입건을 막으려고 나섰는지는 의문이다.

그것이 사태의 출발점이었다. 대통령실 참모들과 국방 부 간부들이 분주하게 움직여 해병대 수사단의 언론 브리핑 을 취소하고 경찰에 이첩한 수사 자료를 되찾아왔으며 박정 훈에게 항명죄를 씌워 구속영장을 청구했다. 국회에 나온 이 종섭과 국방부 간부들은 윤석열의 직권남용 사실을 감추려고 갖가지 위증을 했다. 비난 여론이 치솟자 윤석열은 이종섭을 호주 대사로 임명해 해외로 빼돌리는 등 범죄의 증거를 감추 려고 했다. 채해병 특검법의 목적과 수사범위를 보면 윤석열 은 가장 중요한 피의자다. 그런데 그 피의자가 대통령의 권한 을 행사해 거부권을 행사했다. 국힘당은 재의결에서 당론으 로 반대표를 행사해 특검법을 폐기함으로써 범죄 은닉 공범 이 되었다.

윤석열의 중대한 위법행위 증거는 계속 드러나고 있다.

국방부가 해병대 수사단이 경찰에 넘긴 수사 자료를 되찾아오고 해병대사령관 김계환이 수사단장 박정훈의 직위를 해제하던 날, 누군가 관저에서 윤석열의 개인 휴대전화로 이종섭과 잇달아 세 차례 통화했다는 사실이 이종섭의 통화내역에서 나왔다. 김계환은 이종섭뿐 아니라 대통령실과 국방부 간부들과 수십 차례 통화를 했다. 박정훈을 '항명 수괴'로 몰아 구속하라고 지시한 사람도 윤석열일 가능성이 높아졌다. 관저에서 이종섭과 통화한 인물이 윤석열이면 문제가 심각하다. 그렇지만 윤석열이 아니라면 더 심각하다.

민주주의 정치는 '전쟁의 문명적 버전'이다. 권력투쟁을 할 때도 정책경쟁을 내세운다. 상대방을 죽이지 않고 선거에서 이기는 데서 멈춘다. 내가 죽이려 하면 상대방도 죽이려 들기 때문이다. 수단 방법을 가리지 않고 한계가 없이 싸우면 정치는 전쟁이 된다는 것을, 정치가 서로 죽이고 죽는 전쟁이 되면 누구도 안전하지 않다는 것을 보통 정치인은 다 안다. 그러나 그는 보통 정치인이 아니다. 정치가 무엇인지 모르는 정치인이다. 권력을 휘두르는 즐거움 말고는 정치에 대해서 아는 바가 없다. 윤석열은 한국의 모든 정치세력을 서로 죽이고 죽는 악순환에 끌고 들어갔으며, 자신이 누구보다 큰 위험에 처했다. 그러나 본인은 그 사실을 모른다.

채해병 특검법은 폐기했지만 윤석열의 위기는 이제 시

작이다. 잠시 시간을 벌었을 뿐이다. 새로 임명한 공수처장을 믿고 한숨을 돌리고 있는지 모르겠지만 상황이 원하는 대로 가지는 않을 것이다. 박근혜가 임명한 헌법재판관들이 탄핵 인용에 만장일치로 합의했던 것처럼 윤석열이 임명한 공수처장이 사건의 실체를 있는 그대로 드러낼 수도 있다. 윤석열이 처한 위기는 편법과 꼼수로는 돌파할 수 없다. 대통령 자리를 임기 끝까지 지키고 싶다면 민주당이 주도하는 대연정에 권력을 넘겨주어야 한다. 그것 말고는 길이 없다.

그러나 윤석열은 협치의 길을 선택하지 않을 것이다. 그는 무지하다. 스스로 사유하지 않는다. 학습 능력이 없다. 타인의 말을 경청하지 않는다. 협치 아이디어를 설명하려면 긴 시간이 걸린다. 윤석열은 다 듣기도 전에 '격노'할 것이다. 스스로 생각하지 못하고 남의 머리를 빌리지도 않으니 그 길을 갈 수 없다.

그는 여전히 자신이 국정을 옳게 운영한다고 확신한다. 국민에게 충분히 설명하지 못해서 여당이 총선에 참패했다고 믿는다. 빚더미를 물려받은 소년가장 신세라며 문재인을 원망한다.

유튜브 생중계 실시간 접속자가 거의 없는 민생토론회를 재개했다. 야당과 시민사회가 채해병 특검법 수용을 요구하며 뙤약볕 아래서 집회를 하던 그 시각에 용산 잔디밭에 기자들을 불러놓고 계란을 말았다. 자신이 폭풍우 속으로 들어가고 있다는 것을 알지 못한 채.

대결

윤석열이라는 문제

윤석열은 자진 사퇴도 협치도 관심이 없다. 그런 대안이 있다는 생각조차 하지 않는다. 모든 일을 지금까지 하던 대로 한다. 관저에 초대받았던 초선 당선자들이 기자들에게 전한 이야기에 따르면 윤석열은 대통령의 재의 요구권과 예산 편성권을 믿고 야당과 맞서 싸우라고 했다. 무슨 뜻인가. 여당이 반대한 법률안은 다 거부하겠다는 것이다. 야당과 잘 싸우는 국회의원한테는 지역구 예산을 듬뿍 주겠다는 말이다. 윤석열은 더 강경한 대결 노선을 선포했다. 총선 전에는 혹시 여당에게 불리할지 몰라서 여론의 눈치를 살폈지만 이젠 그럴 필요가 없기에 본심을 그대로 드러냈다.

오래전 읽은 책에서 본 이론을 소개한다. 지금은 서점에 없는 책이라 제목은 말하지는 않겠다. 저자는 제2차 세계대전 직후 영국 노동당 대표였던 해롤드 라스키다. 폭력혁명을 옹호한다고 비난받을 정도로 급진적인 지식인이었지만 사회혁명에 대한 통찰은 지금도 경청할 가치가 있다. 라스키는 세 가지 조건을 충족하면 사회혁명이 일어난다고 했다. 첫째, 대중이 사회에 심각한 문제가 있다고 생각한다. 둘째, 집권세력이 그 문제를 해결할 의지도 능력도 없다는 사실이 명백히 드러났다. 셋째, 문제를 해결하기 위해 평화적이고 합법적인 수단을 모두 사용했다는 사실을 누구나 안다.

한국에서는 사회혁명이 일어나지 않는다. 첫 번째와 두 번째 조건은 충족되었지만 세 번째 조건은 그렇지 않기 때문이다. 윤석열은 박정희나 전두환 같은 독재자가 아니다. 군대를 동원해 권력을 탈취하거나 폭력으로 국회를 해산하지 않았다. 비판하는 지식인을 납치해서 고문하지 않는다. 거리의 시민에게 총을 쏘지도 않았다. 하고 싶지 않아서 안한 것이 아니다. 국민이 무서워서 하지 못한다. 한국은 민주주의 사회다. 다수 국민은 마음만 먹으면 정권을 교체할 수 있다. 평화적이고 합법적인 방법으로 '윤석열이라는 문제'를 해결할 수 있다. 혁명을 할 필요는 없다. 그런데 대선까지 너무 긴 시간이 남았다. 여당에 참패를 안겼지만 총선은 정권을 교체하는 게임이 아니다. 입법권은 총선 전에도 야당이 가지고 있었다. 여당 의석이 대여섯 개 줄었을 뿐이다.

민심은 총선 후 더 기울었다. 대통령 국정수행 지지율은 여러 여론조사회사의 전화면접 조사에서 총선 전보다 10퍼센트 포인트 하락했다. 부정 평가는 70퍼센트에 육박했다. 국정수행 평가의 긍정:부정 비율이 35:60에서 25:70으로 더 크게 벌어졌다. 앞에서 말한 것처럼 실망한 보수층이 전화를 받지 않아서 지표만 나빠졌는지, 아니면 민심이 실제로 더 험악해졌는지 확실히 알 수는 없다. 하지만 나아질 기색이 보이지 않는다는 건 분명하다. 정부가 경기 침체와 물가폭등 같은 경제 문제를 해결하지 못하는 가운데 윤석열이 '인사 로비'를 받고 채해병 순직 사건 수사에 개입해 부당한 압력을 행사했다는 의혹이 사실로 밝혀질 경우 탄핵 정국의 문이 열릴 수 있다.

윤석열은 이재명 대표를 한 번 만났을 뿐 여전히 야당과 대화하지 않는다. 검찰은 이재명을 제거하려는 공작을 이어간다. 문재인에 대한 공격도 재개했다. 민주당이 연일 여러 사건에서 드러난 검찰의 증거 조작과 증인 회유 정황을 폭로해도 끄덕하지 않는다. 방심위를 비롯한 국가기관을 언론탄압에 동원하는 행태도 여전하다. 윤석열은 예전보다 더 격렬하게 야당과 부딪치려 한다. 그런데 민주당은 의석수가 지난 국회와 큰 차이가 없지만 국회의원들의 분위기는 훨씬 더 전투적이다. 윤석열 정권 조기 종식을 주장하는 조국혁신당이 가세했다. 민주당이 상임위원장 선출 등 국회 사무를 국회법대로 처리할 경우 22대 국회 개원과 동시에 여야는 정치적 내전을 시작할 것이다.

어느 쪽이 이길까? 나는 '사필귀정(事必歸正)'이나 정의가 이긴다는 말을 믿지 않는다. 싸움은 강한 자가 이긴다. 이긴 자가 의롭지 않으면 불의가 판을 친다. 어떤 불의는 한 세대가 흘러도 바로잡지 못한다. 정의도 가끔은 이긴다. 역사를 보면 그렇다. 이번 싸움은 윤석열이 진다. 그는 강하지 않다. 강하다고 착각해서 강한 척을 할 뿐이다. 유능하지도 않다. 자신이 얼마나 무능한지 몰라서 무엇이든 마음대로 하는 것이다. 국민이 불신하고 미워하는 대통령의 권력은 역사의 밀물이 들면 모래성처럼 허물어진다.

2천여 년 전 사마천은 『사기』의 「백이숙제열전」에서 '하늘의 도'라는 게 있는지 모르겠다고 했다. "백이숙제와 같은 사람은 인과 덕을 쌓고 청렴 고결하게 살다가 굶어 죽었다. 그러나 도척은 죄 없는 사람들을 죽이고 사람의 간을 회치는 등 도당을 모아 천하를 더럽혔는데도 천수를 누렸다. 나는 의심한다. 하늘의 도는 과연 있는가." 중국 춘추 시대 강도 도척과 고결하게 산 백이·숙제를 비교해 세상의 부조리를 개탄한 것이다.

사마천의 심정에 공감한다. 하늘의 도 따위는 없다. 천벌 같은 것도 없다. 하지만 무력이 권력의 향배를 결정했던 시대는 지나갔다. 대한민국의 권력은 물리적인 힘이 아니라 국민의 지지에서 나온다. 바다가 배를 엎어버리듯 민심이 권력을 뒤엎는 세상이다. 도는 하늘에 있지 않다. 사람의 마음에, 사람의 관계에, 사람의 본성에 있다. 윤석열의 권력은 국민이 주었다. 그 권력을 국민이 다시 빼앗을 수 있다.

여당이 개헌저지선을 지켰다고 해서, 채해병 특검법을 폐기했다고 해서 윤석열이 안전해진 것은 아니다. 국힘당 국회의원 일부가 등을 돌리면 사태는 급변한다. 언제 어떤 계기로 그런 사태가 터질지 모른다. 야당은 채해병 특검법과 김건희 특검법 등을 새 버전으로 만들어 다시 압박할 것이다. 윤석열이 또 거부권을 행사하고 국힘당이 재의결에서 또 부결해도 그 싸움은 끝나지 않는다.

운이 좋으면 윤석열은 임기가 끝나는 날까지 대결 노선을 지속할 수 있다. 하지만 운이 충분히 따라주지 않을 경우에는 탄핵정국이라는 막다른 골목에 들어선다. 그를 탄핵하려면 야당 국회의원 전원이 뭉치고 적지 않은 여당 국회의원이 가세해야 한다. 박근혜 탄핵 때처럼 많을 필요는 없지만 열 명은 넘어야 한다. 앞으로 2년 동안 전국 선거가 없고 다음 총선 전에 임기가 끝나는 만큼 여당 국회의원들이 윤석열한테 바로

대들지는 않을 것이다. 중진들은 장관 자리로 다독이고 말썽을 부리는 초재선은 지역구 특별교부세 예산을 주어서 달래면 된다고 그는 생각할 것이다. 그러나 정치인은 선거에 불리하면 주저하지 않고 대통령을 버린다. 국힘당뿐 아니라 민주당도 그렇다. 국힘당 국회의원들은 공천을 받으려고 대통령 눈치를 볼 필요가 없다.

여당의 배신은 임기말 대통령의 피하기 어려운 운명이다. 대통령 국정수행 지지율이 높아서 선거에 도움이 되거나 강력한 카리스마를 가진 대선후보가 동지애로 대해야 그런 운명을 피할 수 있다. 문재인과 김대중이 각각 그런 경우였다. 윤석열에게 그런 행운이 찾아들 확률은 지극히 낮다. 윤석열은 한직을 떠돌던 자신을 중앙지검장과 검찰총장으로 발탁한 문재인을 배신했다. 인간적인 면에서든 정치적인 면에서든 확실한 '배신의 아이콘'이다. 그러면서 자신한테 여당 국회의원들이 충성하기를 기대한다면 어리석은 일이다. 국정수행 지지율이 바닥을 기는 가운데 탄핵 사유가 될 만한 범죄행위의 증거가 계속 나오면 여당 의원들은 개별적으로 대통령과 거리두기를 시작한다. 2026년 6월 지방선거도 총선처럼 참패하면 아홉 달 후 대선도 패할 가능성이 높다. 그럴 경우 민주당 소속 대통령 취임 열한 달 후에 치르는 23대 총선 전망도 어두워진다.

국회의원은 당선과 동시에 재선을 위한 활동을 시작한다. 국힘당 국회의원은 대다수가 정치업자다. 정치업자에게 재선보다 중요한 일은 없다. 대통령 때문에 재선 가도에 빨간불이 들어오면 정치적 신의나 동지애 같은 것은 의미가 없다. 이르면 지방선거 전에 윤석열에게 탈당을 요구하고, 탈당하면 석고대죄를 하라고 할 것이다. 민심이 압도적으로 탄핵을 요구할 경우에는 탈당 여부와 무관하게 여당 의원 일부가 탄핵 대열에 가담한다. 인기 없는 대통령을 패대기쳐 정치적 이익을 얻을 수 있다면, 차기 대선을 노리는 야심가들은 냉정하게 선을 그을 것이다.

고블린의 최후

108명의 여당 국회의원은 윤석열을 지켜주지 않는다. 높은 국정수행 지지율만이 그를 보호할 수 있다. 국민이 좋아해야 임기를 무사히 마치고 퇴임 후 안전을 누릴 수 있다. 지금까지 한 것처럼 국정을 엉망으로 운영해 국민경제를 위기에 몰아넣고, 국가권력을 사유화해 본인과 가족의 범죄 수사를 막고, 검찰을 시켜 야당과 언론을 공격하고, 국익을 해치면서 미국과 일본에 굴종한다면 국정수행 지지율은 결코 오르지 않는다. 탄핵을 당해 중도에 물러나든 임기를 채우고 퇴임하든, 윤석열은 권력을 놓는 즉시 검사로서 검찰총장으로서 대통령으로서 저지른 범죄행위를 추궁당한다. 검찰의 수사와 기소를 피하지 못한다. 형사법정에 서야 하고, 유죄선고를 받아 교도소에 갈 수도 있다. 형사처벌을 면한다 해도 만인의 손가락질을 받으며 비루한 여생을 보낼 것이다. '하늘의 도'가 있어서가 아니다. 인간의 본성과 정치의 생리가 그렇게 만든다.

정치학이나 역사학 이론으로는 윤석열의 운명을 예측하기 어렵다. 생각할 수 있는 경우가 너무 많다. 그러나 생물학 이론으로는 확실하게 말할 수 있다. 제2장에서 뒤로 미룬다고 했던 침팬지의 '보안관 행동' 이론에 비추어보면 분명 그렇다.

드 발은 라윗이라는 이름을 붙인 아른험 동물원 알파 메일 침팬지의 행동을 면밀히 관찰했다. 라윗의 행동은 우두머리가 되기 전과 후가 확연하게 달랐다. 알파가 되기 전에는 다른 개체들의 다툼에 개입할 때 35퍼센트 정도만 약자 편을 들었는데 알파가 된 직후에는 그 비율이 69퍼센트가 되었고 나중에는 86퍼센트까지 올라갔다. 드 발은 알파 메일 침팬지의 보안관 행동이 의무에 가깝다는 결론을 내렸다. 약자인 암컷과 어린 침팬지를 지켜주지 않은 알파 메일은 도전자와 싸울 때 무리의 지원을 받지 못했다.

드 발은 『차이에 관한 생각』(이충호 옮김, 세종서적, 2022)에서 미국 영장류 연구소의 알파 메일 침팬지 아모스와 탄자니아 곰베 국립공원 알파 메일 침팬지 고블린을 비교했다. 아모스는 여러 장기에 악성 종양이 생겼는데도 마지막까지 건강한 것처럼 행동했다. 아모스가 쓰러지자 무리의 침팬지들이 앓아 누운 아모스를 보살펴 주었다. 아모스가 죽자 침팬지들은 며칠 동안 밥을 잘 먹지 않았고 떠들지도 않았다. 아모스는 인기 있는 수컷이었다. 관대하고 공평했다. 무리를 지배했고 경쟁자의 도전을 단호하게 물리쳤다. 그러나 다른 침팬지를 괴롭히지 않았고 약자를 보호했다. 싸움을 말렸고 아픈 동료를 도왔다.

고블린은 반대 유형이었다. 둘 다 될 수 없다면 사랑받기보다는 남들이 두려워하는 존재가 되는 편이 낫다고 믿는 '마키아벨리적 무뢰한'이었다. 고블린은 무리를 공포에 떨게 하고 충성과 복종을 요구했다. 신체적 위해를 가할 것처럼 위협하는 방법으로 권력을 유지했다. 어느 날 젊은 도전자가 나타나자 무리가 기다렸던 것처럼 달려들어 고블린의 손발과 고환을 물어뜯었다. 고블린은 죽음을 면했으나 권력을 잃고 비참한 여생을 보냈다.

정치학이나 역사학 이론에 따르면 국가권력을 사유화해 정치적 경쟁자를 공격하고 언론의 자유를 탄압한 권력자는 민중의 신임을 잃고 몰락한다. 하지만 인문학 이론은 만유인력의 법칙이나 상대성이론처럼 확고한 진리가 아니다. 그것만 믿고 안심하기에는 부족하다. 생물학의 법칙도 물리법칙에 비하면 확실성이 덜하다. 하지만 인문학보다는 낫다. 대결 노선을 밀고 나가면 윤석열은 틀림없이 고블린과 같은 결말을 맞는다. 언제 어떤 계기 어떤 양상으로 그 시간이 찾아들지 모를 뿐이다.

아모스와 고블린의 권력 상실 과정과 상실 이후의 삶을 결정한 것은 인간의 윤리 도덕이 아니라 알파 메일에게 보안관 행동을 기대하는 침팬지 무리의 생물학적 본능이었다. 권력과 관련하여 인간이 형성한 윤리 도덕은 호모 사피엔스와 침팬지가 공유한 본능에 토대를 두고 있다. 그 본능의 유전자는 두 종의 조상이 갈라진 6백만 년 전에 이미 자연에 존재하고 있었다.

인간은 윤리 도덕을 무(無)에서 창조하지 않았다. 자연이 준 능력이 있었기에 문명의 규범을 세울 수 있었다. 본능은 끈질기고 힘이 세다. 역사의 시간에는 사라지지 않는다. 명색이 인문학도인 내가 생물학으로 권력자의 앞날을 점치고 있다. 하지만 나만의 잘못은 아니다. 어떤 인문학자도 21세기 대한민국에 이런 유형의 알파 메일이 등장할 가능성을 경고하지 않았다.

불기소 특별사면

윤석열이 국정과 정치를 내전 상황에 밀어 넣었다. 언론은 민주당이 정쟁을 한다고 비난하면서 윤석열한테도 협치하라고 권한다. 윤석열이 충고를 받아들여 권력을 내려놓고 앞에서 말한 민주당 주도 대연정 수준의 협치를 한다면 고블린의 운명을 벗어날 수 있다. 하지만 그가 대결 노선을 고집하는 가운데 민심이 극도로 악화하면 여당 국회의원 일부가 야당의 탄핵 추진 과정에 참여할 수 있다.

2016년 초겨울처럼 국민 여론이 대통령을 탄핵하라고 국회를 압박하는 상황이 벌어지면 윤석열은 어떻게 할 것인가? 협치 카드는 이미 물 건너갔다. 그 정도로는 민심을 수습하지 못한다. 사퇴하거나 국회의 탄핵을 받아들이거나 둘 중 하나다. 어느 쪽이 합리적인가? 버티는 게 이익이다. 사퇴하면 바로 권력을 잃지만 국회의 탄핵을 받으면 헌법재판소에서 다툴 기회가 있다. 헌법재판소는 박근혜를 파면했지만 노무현은 살려주었다. 국회가 탄핵한다고 해도 헌법재판소가 기각하면 윤석열은 권력을 되찾아 역공을 펼칠 기회를 얻는다. 최근 헌법재판소는 공소권 남용 혐의로 국회가 탄핵한 검사에 대해 탄핵 기각 결정을 내렸다. 간첩죄로 기소한 서울시 공무원 유우성 씨가 무죄 선고를 받자 다른 혐의를 별건 수사해 기소한 검사였다. 그 결정은 대통령 탄핵도 헌법재판소가 막아 주리라는 기대를 부풀렸다.

'윤석열이라는 문제'를 해결하려면 국회가 탄핵해야 한

다. 헌법재판소가 탄핵을 인용하는 경우에도 짧지 않은 시간이 걸린다. 탄핵을 인용하면 60일 안에 대통령 선거를 치른다. 그렇게 하기보다는 강제된 사퇴라도 사퇴가 낫다. 그러려면 사퇴하는 게 유리하다고 판단할 만큼의 이익을 주어야 한다. 노무현이 야당의 탄핵 강행 의지를 알고서도 사퇴하지 않은 것은 탄핵 반대 여론이 압도적으로 높았기 때문이다. 실제로 그의 직무가 정지된 기간에 새로 창당한 열린우리당이 대승을 거두어 과반 의석을 확보했고 헌법재판소는 탄핵을 기각했다. 탄핵 찬성 여론이 80퍼센트가 넘는데도 박근혜가 물러나지 않은 것은, 헌법재판소가 기각 결정을 할 것이라고 헛되이 기대한 탓이기도 하지만 사퇴한다고 해서 유리할 것이 전혀 없었기 때문이기도 하다.

탄핵이 확실해 보일 때 윤석열이 자진 사퇴 형식으로 물러날 길을 열어주면 어떨까? 미국 닉슨 대통령 경우를 살펴보니 그런 의문이 들었다. 이른바 워터게이트 사건은 1972년 6월 17일 워싱턴 DC의 워터게이트 호텔 민주당 전국위원회 사무실에 괴한이 침입해 도청기를 설치했다가 들킨 데서 시작해 1974년 8월 9일 닉슨의 사임으로 끝난 정치적 소용돌이를 통칭한다. 특검 수사, 언론의 닉슨 연루 의혹 폭로, 상원 특별위원회 청문회, 백악관 대통령 집무실의 녹음테이프 존재 확인, 특별검사의 닉슨 소환과 닉슨의 특별검사 해임 시도, 사법

방해·권력 남용·의회모독 혐의를 사유로 한 연방 하원의 세 차례 탄핵 권고 결의, 공화당 상원의원 일부의 탄핵 찬성, 그리고 대통령의 사퇴까지 워터게이트는 우여곡절 많은 드라마였다.

닉슨은 사퇴를 강요당했다. 사퇴하지 않으면 상원이 탄핵하고 법원이 중형을 내릴 것이라는 걸 알았다. 백악관 집무실 바닥에 앉아 권력을 빼앗긴 알파 메일 침팬지처럼 주먹으로 가슴을 치고 위를 보며 울었지만 닉슨은 현명한 결정을 했다. 대통령직을 승계한 제럴드 포드는 닉슨의 모든 범죄 혐의에 대한 '놀리 프로시콰이(nolle prosequi, 항구적 불기소 특별사면)'를 선언했다. 닉슨은 조사도 재판도 받지 않았다. 범죄를 저지르고도 처벌을 피했다. 보좌관 몇 사람만 유죄선고를 받았다.

윤석열이 닉슨과 같은 상황을 맞을 가능성이 있는가? 객관적으로는 그렇다. 그는 안전하지 않다. 여당 의석이 108개라고 해도 야당 의원이 모두 탄핵에 찬성하고 국힘당 의원이 열 명 넘게 가담하면 탄핵할 수 있다. 그러나 윤석열은 달리 생각할 것이다. 미국은 상원이 탄핵하면 끝이지만 우리나라는 절차가 하나 더 있다. 헌법재판소가 국회의 탄핵 결정을 인용해 대통령을 파면해야 끝난다. 윤석열도 박근혜처럼 헌법재판소를 믿고 버틸 것이다.

미국과 다른 점은 또 있다. 우리나라는 '놀리 프로시콰이' 제도가 없다. 대통령은 재판이 끝나 유죄가 확정된 사람만 사면할 수 있다. 누군가를 영구히 기소하지 못하게 할 권한은 없다. 윤석열이 기소되고 대법원에서 유죄를 확정하기까지는 긴 시간이 걸린다. 사퇴해도 처벌을 면할 가능성이 낮다면 탄핵 여론이 아무리 높아도, 여당 의원들이 대거 탄핵에 찬성한다고 해도, 헌법재판소 결정을 기다리는 게 이익이다. 윤석열도 그 정도는 안다.

사실상 강제된 사퇴라 할지라도 대통령의 사임을 원한다면 상응하는 이익을 주어야 한다. 미국과 같은 제도가 있었으면 박근혜도 국회가 탄핵하기 전에 사임했을지 모른다. 야당은 특검법안과 함께 사면법 개정안도 내는 게 바람직하다고 나는 판단한다. 퇴로를 열어주고 탄핵을 추진하는 게 현명한 전략이다. 쥐도 구석에 몰리면 고양이를 문다는데, 대통령이 그냥 물러날 리 있겠는가.

정치인 김대중은 이렇게 말한 적이 있다. "춘향이의 한은 이 도령을 만나서 푸는 것이다." 대통령 탄핵의 목적은 무능하고 부적합한 공무원을 파면하고 일 잘하고 믿을 만한 사람을 그 자리에 세우는 것이다. 누구를 감옥에 보내는 것이 아니다.

젊은
벗들에게

　대한민국은 '윤석열이라는 병'을 앓고 있다. 그는 한국 사회를 혼돈에 빠뜨렸다. 이념·정책·말·행동방식 어느 하나도 대통령답지 않다. 하지만 그런 것은 병의 원인이 아닌 증상일 뿐이다. 모든 문제는 윤석열이라는 사람 자체에서 비롯했다. 그는 아무리 늦어도 3년 뒤에는 퇴임한다. 그러나 그가 남긴 병을 치유하는 데는 긴 시간이 걸릴 것이다.

　국민은 윤석열이 달라지기를 바란다. 언론은 그런 민심을 반영해 그에게 달라질 것을 주문한다. 희망 없는 기대, 의미 없는 조언이다. 윤석열은 자신이 나라를 살리는 중이라고 믿는다. 달라져야 할 이유를 모른다. 달라지겠다는 의지를 가질 수 없다. 그렇다고 해서 남이 그를 바꿀 수도 없다. 지난 2

년 달라진 게 없었던 것처럼, 남은 3년도 달라지지 않을 것이다.

윤석열은 사임하지 않는다. 협치도 하지 않는다. 자신이 옳다고 믿는 것을 실행하려고 권력을 휘두를 뿐이다. '윤석열이라는 병'은 윤석열을 대통령 자리에서 떼어내야 끝낼 수 있다. 다른 방법은 없다. 그 일은 국회와 헌법재판소가 할 수 있다. 헌법은 두 기관에 그럴 권한을 주었다. 하지만 그들은 스스로는 하지 않는다. 국민이 만장일치에 가까울 정도로 뜻을 모아 압력을 넣어야 마지못해 미적대며 한다. 그렇게라도 하면 다행이다. 그보다 나은 것을 기대할 수는 없다.

최근 일부 여론조사에서 대통령 국정수행 지지율이 바닥을 뚫었다. 하지만 탄핵 찬성 여론이 충분히 높지는 않다. 70세 넘은 고령층 시민들이 윤석열의 정치생명을 살려놓고 있다. 그들도 젊은 시민들처럼 나름의 철학과 정체성을 가지고 자신이 옳다고 믿는 대로 선택하고 행동한다. 윤석열과 마찬가지로 남이 생각을 바꾸어줄 수 없다. 그들 스스로 바꾸고 싶어야 바꾼다. 대한민국은 3년 더 '윤석열이라는 병'을 앓아야 할지 모른다.

책의 결론으로 두 가지 질문에 대답해 보고 싶다. 윤석열 정권을 조기 종식하려면 무엇을 어떻게 해야 하는가? 이것이 첫 번째 질문이다. 무엇보다 먼저 분명한 목적의식을 가져야

282

한다. 의지가 확실하면 방법을 찾을 수 있다. 국민은 주권자다. 헌법 제1조는 말한다. "대한민국의 주권은 국민에게 있고, 모든 권력은 국민으로부터 나온다." 헌법은 국회에 대통령 탄핵권을 부여했다. 헌법재판소에 탄핵심판권을 주었다. 주권자가 압도적으로 탄핵을 요구하면 두 헌법기관은 요구를 따라야 한다. 그것이 헌법의 명령이다.

일상생활 공간에서 '동료 시민'들과 윤석열이 임기를 채우게 허락해도 대한민국이 괜찮을지 토론하자. 탄핵 필요성을 뒷받침하는 논리를 온-오프라인으로 공유하자. 저마다 언론이 되어 윤석열의 헌법과 법률 위반 사실을 알리자. 형편이 된다면 탄핵 요구 집회에 참여하자. 귀찮다 말고 여론조사 전화를 받아 탄핵에 찬성한다고 대답하자. 국민은 대통령을 뽑을 권리가 있고, 자신이 뽑은 대통령을 파면할 권리도 있다는 것을 명심하자.

그러나 탄핵이 최후의 수단임을 잊지는 말자. 대통령은 헌법이 정한 임기를 채우는 것이 원칙이다. 중도에 그만두는 경우에도 사임이 탄핵보다 바람직하다. 퇴임 대통령이나 탄핵당한 대통령을 구속하고 기소하고 유죄선고를 내리는 것은 최악의 사태다. 이미 여러 번 했다. 이젠 그만두어야 한다. 코끼리가 도자기 박물관에 들어간 것은 사람이 허락한 탓이다. 코끼리를 욕할 게 아니라 자신의 책임을 인정해야 한다. 대통령을 탄핵해 교도소에 집어넣는다고 해서 국민이 책임을 면제받는 것은 아니다.

　국민이 사임을 원할 때는 대통령이 국회의 탄핵과 헌법재판소의 탄핵 심판을 기다리지 않고 물러나는 것이 좋다. 그런 결단을 북돋우려면 '인센티브'를 제공해야 한다. 사면법을 개정해 미국식 '놀리 프로시콰이(항구적 불기소 특별사면)' 제도를 도입하는 것이다. 감옥에 보내야 마땅한 악당을 풀어준다고 비난하지 말라. 그런 감정을 느끼는 것은 이해할 만하지만 이 제도는 범죄를 저지른 대통령만 사면하는 제도가 아니다. 그런 사람을 알아보지 못해 대통령으로 선출한 국민의 잘못도 함께 사면하는 제도다. 주권자인 국민이 후임 대통령을 통해 자기 자신을 사면하는 것이다. 이 제도가 생긴 경위가 어떠하든 나는 그렇게 본다.

　다음 질문으로 넘어가자. 윤석열 정권이 끝나면 무엇이 오는가? 대한민국의 미래에 희망은 있는가? 더 자유로운 사회, 더 민주적인 정치, 더 유능한 정부를 만들 수 있는가? 확신하지는 못하겠다. 그러나 희망이 없지는 않다고 생각한다. 2천5백여 년 전 아리스토텔레스가 한 말이다. "국가가 훌륭해지려면 시민이 훌륭해야 하고, 훌륭한 시민이 정치에 참여해야 한다." 주권자의 수준이 국가 수준을 좌우한다는 말이다.

　초저출산과 초고령화, 내일의 한국 사회를 설명하는 가

장 중요한 말이다. 인구 구조와 연령대별 여론을 보면 당장은 괜찮은데 길게 보면 암울하다. 2024년 4월 기준 인구통계에 따르면 50대가 873만 명으로 제일 많다. 그다음이 40대 785만 명과 60대는 771만 명이다. 30대와 20대는 각각 657만 명과 611만 명, 70세 이상은 642만 명이다. 10대는 463만 명, 열 살 이하는 325만 명으로 부모 세대의 절반밖에 되지 않는다.

최근 여론조사 결과를 보면 18세부터 59세까지 유권자들은 만장일치에 가까울 정도로 윤석열의 국정수행을 비판한다. 인구가 가장 많은 4050이 가장 강력하다. 60대도 부정 평가 우세로 기울었다. 70세 이상 고령층만 절반 정도가 잘한다고 대답한다. 윤석열이 대결 노선을 고집하면 국정수행 부정평가 비율과 탄핵 찬성 여론은 계속 높아질 것이다. 그가 중도 하차하든 임기를 채우든, 정권을 교체할 가능성이 매우 높다. 정치의식은 단기간에 크게 달라지지 않는다. 최소한 십 년 정도는 4050 세대가 지금과 비슷한 정치적 태도를 유지할 것이다.

하지만 그 이후는 다를 수 있다. 통계청의 「생명표」를 보면 4050 대다수가 아흔까지 살 전망이다. 올해 태어날 아기들이 유권자가 될 2042년을 생각해 보자. 오늘의 4050이 6070이 되어서도 지금과 생각이 비슷하다면 큰 문제가 없다. 그러나 그들이 오늘의 6070과 비슷한 유권자가 된다면 한국 사회는 더는 진보하기 어려울 것이다. 오늘의 6070도 30년 전에는 진보적이었다. 1987년 6월항쟁의 승리를 이루고 7·8월 노동자대투쟁에 참여한 넥타이부대와 블루칼라 노동전사였다. 지금의 4050도 그렇게 될 것이라면 윤석열 탄핵이 뭐 그리 큰 의미가 있겠는가. 윤석열 같은 사람이 연이어 집권하면 대한민국은 어차피 망하는 것 아닌가. 그렇게 우울한 전망을 할 수도 있다.

그러나 희망은 있다. 오늘의 4050은 부모 세대보다 많이 공부했다. 아날로그 시대에 태어났으나 정보통신 혁명을 체험하면서 디지털 세계에 안착했다. 어느 정도 자산을 모아 노후 생활에 대비한다. 신체적 정신적으로 앞선 세대보다 활발하다. 청소년기에 민주화 과정을 경험했다. 20년 30년이 지나도 지적 활기를 어느 정도는 유지할 수 있을 것이다. 수가 많은 4050이 그렇게 활발하게 노후 생활을 영위한다면 한국 사회는 내적 다양성을 키워가면서 새로운 것을 받아들이고 만들어낼 수 있다.

나는 예순다섯 번째 생일을 눈앞에 두고 있다. 동네 피트니스 센터에서 누군가 나더러 젊다고 했다. 대한민국이 초고령 사회에 진입했음을 실감한다. 나는 지금 수준의 정신적 정서적 긴장감을 유지하려고 노력한다. 책을 읽고 유튜브의 과학 채널을 구독한다. 식생활을 절제하고 근력운동을 하며 낮선 곳을 여행한다. 건강이 허락하는 한 글쓰기를 놓지 않으려 한다. 기력이 달릴 때는 남은 인생에서 지금이 가장 젊다는 말을 되뇐다.

함께 나이 먹어가는 친구들한테 말한다. 나이 들면 지혜로워진다는 말을 믿지 말자고. 어리석은 노인이 되지 않기 위해 노력하자고. 젊은이들이 하는 말을 경청하자고. 나는 후진국에서 태어나 선진국에 산다. 2030은 선진국에서 태어나 선진국에 사는 '네이티브 디지털' 세대다. 생각과 문화의 차이가 뚜렷해서 말을 붙이기 어렵다고 느낀다. 자신이 원하는 것을 뭐든지 하면서 살기를 바랄 뿐이다. 그들은 뭐든 잘해나갈 것이다.

4050 세대는 '젊은 벗'으로 여긴다. 그리 어렵지 않게 대화할 수 있다고 느낀다. 젊은 벗들한테 말하고 싶다. 그대들이 앞으로 40년 한국의 운명을 좌우한다고. 그대들 한 사람 한 사람의 지적 문화적 역량이 희망의 크기를 결정한다고. 그대들이 다음 세대의 존경을 받는 어른이 되었다면 대한민국은 사람 살만한 세상이 되어 있을 거라고. 나는 그대들을 믿는다고. 항상 그대들을 응원하는 노인이 될 거라고. 그러니 함께, 힘과 지혜를 모아, '윤석열이라는 병'을 이겨내자고.